HMH | ¡Arriba la Lectura!™

miLibro 1

Autores y asesores

Alma Flor Ada • Kylene Beers • F. Isabel Campoy

Joyce Armstrong Carroll • Nathan Clemens

Anne Cunningham • Martha C. Hougen

Elena Izquierdo • Carol Jago • Erik Palmer

Robert E. Probst • Shane Templeton • Julie Washington

Consultores

David Dockterman • Mindset Works®

Jill Eggleton

¡Arriba la Lectura!™

miLibro 1

MÓDULO 1

Como el mejor ciudadano

MÓDULO 2

¡Mira y explora!

🌿 **CONEXIÓN CON LAS CIENCIAS:**

Como el mejor ciudadano

"Haz el bien sin mirar a quién".

—Dicho popular

? Pregunta esencial

¿Por qué ser un buen ciudadano puede marcar una diferencia?

Video de
Mentes
Curiosas

Palabras acerca de la ciudadanía

Completa la Red de vocabulario para mostrar lo que sabes sobre estas palabras.

ciudadano

Significado: Un **ciudadano** es un miembro de una comunidad, estado o país.

Sinónimos y antónimos

A yudo.
Paticipo.
una Persona.

Dibujo

← Papí
← mami
← yo

diferencia

Significado: Cuando las personas marcan una **diferencia**, hacen algo que ayuda a los demás.

Sinónimos y antónimos	Dibujo
Sel amable votar dar lo mejor.	

amable

Significado: Alguien que es **amable** es simpático, afectuoso o gentil.

Sinónimos y antónimos	Dibujo
decir palabras, simpaticas. no empuja	

Somos ★ BUENOS CIUDADANOS ★

¡Mi perra Bailey es la mejor! Cuando aprendimos sobre los buenos ciudadanos en la escuela, la maestra nos pidió que pensáramos en maneras de ser buenos ciudadanos. Yo pensé en Bailey. Es amigable y dócil. Sabía que podía ser una perra de acompañamiento muy buena.

Primero, busqué un centro para perros cerca de mi casa. Mi mamá y yo llevamos a Bailey. Allí le hicieron una prueba para ver cómo se comportaba. Estaba tranquila y se comportaba bien con los desconocidos. Además, obedecía las órdenes.

Después de algunas clases de adiestramiento, nos convertimos en un equipo de perros de acompañamiento. Ahora, mi mamá y yo llevamos a Bailey a visitar personas. Bailey les brinda bienestar y amor.

Me gusta tener un perro de acompañamiento. Juntos somos buenos ciudadanos. Bailey marca una diferencia en la vida de las personas a las que visitamos. Las ayuda a que su vida sea mejor.

DATO RÁPIDO

Los perros de acompañamiento no son perros de servicio. Los perros de servicio están adiestrados para brindar algún tipo de ayuda a una persona con necesidades especiales.

Prepárate para leer

ESTUDIO DEL GÉNERO Los **textos de fantasía** son cuentos con acontecimientos inventados que, en realidad, no podrían suceder. Mientras lees *Gastón Tiburón*, busca:

- animales que hablan y se comportan como personas
- el principio, el desarrollo y el final del cuento
- cómo las ilustraciones y las palabras te ayudan a entender lo que sucede

ESTABLECER UN PROPÓSITO **Haz preguntas** antes, durante y después de leer que te ayuden a encontrar información o comprender el texto. Busca evidencia en el texto y en las imágenes para **contestar** tus preguntas.

PALABRAS PODEROSAS
masticar
rugir
rudo
frenar
rebotar
sonreír
fuerza
añorar

Conoce a Bruce Hale.

14

GASTÓN TIBURÓN

por Bruce Hale

ilustraciones de
Guy Francis

De todo el gran mar azul, de todo el gran mundo azul, la mejor escuela para peces era la escuela primaria Teodoro Anguila. Y de todas las especies de peces de la escuela Teodoro Anguila, el más grande y el más fuerte era Gastón Tiburón.

A Gastón le gustaba mucho la escuela y también le gustaba mucho su maestra, la Sra. Tintalinda.

Se divertía muchísimo jugando al subivuela y "a la rueda, marea" con sus amigos. A Gastón le *encantaba* su vida.

—¡LA ESCUELA ES GENIAL! —gritó Gastón Tiburón.

—Menos gritar y más leer —dijo la maestra Tintalinda.

—¡LA HORA DEL ALMUERZO ES MARAVILLOSAAA! —chilló Gastón Tiburón.

—Mastica tu comida rica —le dijo su mejor amigo, Juan Verdel.

—¡EL RECREO ES ESTUPENDO! —rugió Gastón Tiburón.

—¡Estás siendo muy rudo al jugar, Gastón! —gritaron los otros niños.

19

Sí, Gastón amaba su vida con todo su tiburonesco corazón.
Pero él lo amaba todo demasiado.

Era demasiado ruidoso.

Era demasiado salvaje.

Era demasiado tiburón como para que los demás peces se
llevaran bien con él.

Después de un tiempo, nadie quería jugar con Gastón.
Nadie almorzaba con él. Nadie se sentaba con él en el círculo.
Hasta su mejor amigo, Juan Verdel, le dijo:

—¡Frena un poco, Gastón! ¡Me estás volviendo loco!

Un día, Gastón le preguntó a la maestra Tintalinda:

—¿Qué les pasa a todos?

La maestra Tintalinda le dio una palmadita en la aleta y le dijo:

—Gastón, a veces juegas muy fuerte, masticas muy fuerte y, ¡cielos!, incluso ayudas muy fuerte.

—¡Pero la vida es TAN emocionante! —dijo Gastón.

—Hay un momento y un lugar para todo —dijo la maestra Tintalinda—. Y a veces dicen las normas: "cuida tus formas".

¡CUIDA TUS FORMAS!

En el recreo, Gastón trató de cuidar sus formas, pero
¡empujó el columpio con demasiada energía!

—Lo siento —dijo Gastón—, se me olvidó.

—¡Hey! —gritó Juan Verdel.

En el almuerzo, Gastón intentó cuidar sus formas, pero
todo olía tan bien que se comió un montón de almuerzos.

—Lo siento —dijo Gastón—, se me olvidó.

—¡Estamos HAMBRIENTOS! —dijeron sus amigos.

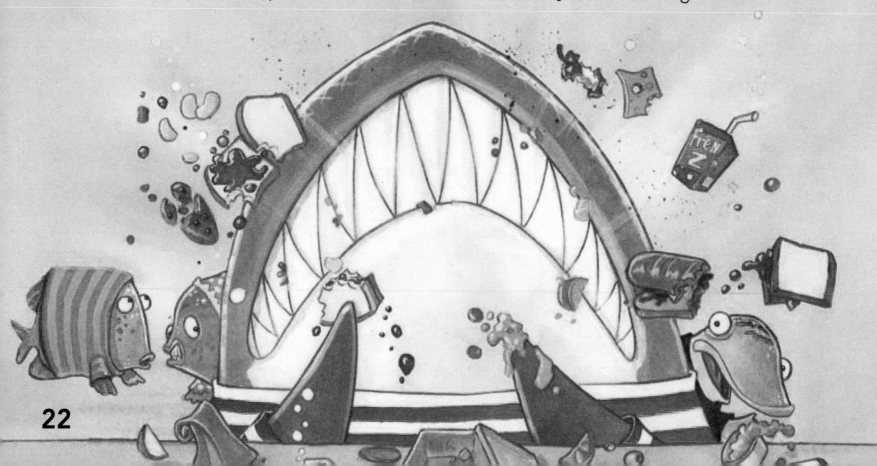

En la clase, Gastón intentó cuidar sus formas, pero un buen libro le hizo temblar de emoción.

—Gastón —le dijo la maestra Tintalinda—, este no es el momento ni el lugar. Dime, ¿qué dicen las normas?

—Cuida tus formas —respondió Gastón—. ¡Ey, eso rima! —gritó.

Entonces, Gastón tuvo una gran idea en su cabeza tiburonesca. "¡Tal vez si hago una rima, la recordaré toda mi vida!", pensó. Al día siguiente, puso en marcha su plan.

En la clase, cuando la lección se puso emocionante, a Gastón le dieron ganas de rebotar en su asiento.

En lugar de eso, se dijo a sí mismo: "Cuando la maestra habla, mantén la calma".

¿Y qué crees que pasó? ¡Funcionó!

—¡Bien hecho, Gastón! —dijo la maestra Tintalinda.

Gastón sonrió. "¡Las lecciones son divertidas!", pensó.

En el almuerzo, todo olía *muuuy* rico. Cuando Gastón tuvo ganas de comer y comer sin parar, *se dijo a sí mismo:* "Solo mastica tu comida rica".

¡Y funcionó de nuevo!

—¡Así se hace, Gastón! —le dijeron sus amigos.

Gastón sonrió. "El almuerzo es divertido", pensó.

En el recreo, Gastón se dijo a sí mismo:
"Despacito y buena letra, esa es la manera. Así
mis amigos a jugar me esperan".

Y el recreo fue divertido. De nuevo, a Gastón
le encantaba su vida.

26

Pero, en ese momento, una sombra cruzó el patio, una sombra enorme con tentáculos a montones.

—Es un niño nuevo, ¡y da miedo! —gritó Juan Verdel—. ¡Salven sus escamas!

El calamar aplastó la resbaladilla y rompió los columpios.

—Uy, fue mi culpa —dijo el niño nuevo.

—Esperen —dijo Gastón—. Él solo
quiere jugar. ¡Vamos a encontrar
la manera!

Y nadó con toda su fuerza hacia el niño
nuevo. Gastón jugó más fuerte que nunca al
subivuela y "a la rueda, marea".

¡Incluso inventó un juego nuevo:
el "coletazo al paso"!

—¡Vaya, qué divertido! —dijo el niño nuevo sin aliento. Y se tranquilizó.

—Si aprender añoras, según las normas, debes cuidar tus formas —le dijo Gastón.

—Así es, Gastón —dijo la maestra Tintalinda—. Y gracias por cuidar a nuestro nuevo compañero, Omar Calamar.

—¡Viva Gastón Tiburón! —celebraron todos.

Esa noche, la mamá de Gastón le preguntó:

—¿Qué aprendiste hoy en la escuela, pequeño?

—Que hay un momento y un lugar para todo —respondió Gastón—. Y que, a veces, debemos cuidar las formas.

Pero, a veces, un tiburón tiene que hacer lo que
un tiburón tiene que hacer.

Usa detalles de *Gastón Tiburón* para contestar estas preguntas con un compañero.

1. **Hacer y contestar preguntas** ¿Qué preguntas te hiciste sobre Gastón antes, durante y después de la lectura? ¿Cómo te ayudaron las preguntas a comprender el cuento?

2. ¿Por qué los amigos de Gastón dejan de jugar con él? ¿Cómo crees que se siente? Usa los detalles del texto y las imágenes para explicar tus ideas.

3. Elige alguna de las reglas con rima de Gastón. Explica cómo lo ayuda a ser un buen ciudadano.

Sugerencia para la conversación

¡Tus ideas son importantes! Asegúrate de hablar alto y claro cuando las compartes.

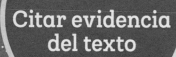
Escribir una descripción

INDICACIÓN ¿Cómo sabes que Gastón quiere hacer lo correcto? Usa detalles de las palabras y las imágenes para explicar tus ideas.

PLANIFICA Primero, piensa en el cuento. Luego, dibuja una escena que muestre a Gastón intentando hacer lo correcto.

ESCRIBE Ahora, escribe oraciones para describir una ocasión en la que Gastón intenta hacer lo correcto. Recuerda:

- Busca detalles en el cuento que expliquen tu idea.

- Usa palabras descriptivas para decir qué hace o qué intenta hacer Gastón.

_____

_____

_____

_____

_____

_____

_____

_____

_____

Prepárate para leer

ESTUDIO DEL GÉNERO ▶ Los **textos de fantasía** son cuentos con acontecimientos inventados que, en realidad, no podrían suceder.

HACER UNA PREDICCIÓN ▶ Da un vistazo a "Bienvenida al bosque". Clarita Conejita se muda a una nueva casa. ¿Qué crees que sucederá cuando conozca a sus vecinos?

_____

_____

_____

_____

_____

_____

ESTABLECER UN PROPÓSITO ▶ Lee para descubrir qué sucede cuando Clarita Conejita se muda a la casa nueva.

Bienvenida al bosque

LEE ¿Cuál es el ambiente del cuento? Subráyalo.

Una mañana, Clarita Conejita saltaba con alegría por el bosque. Al final, se detuvo cerca de un lindo árbol y sonrió. Había encontrado el lugar perfecto para su nuevo hogar. A cavar y cavar. Las patitas de Clarita empezaron a hacer un hoyo en la tierra. Un mapache estaba descansando en lo alto del árbol y oyó a Clarita Conejita.

—Bienvenida al barrio —le dijo—. Me llamo Marco Mapache y me encanta cavar. ¡Déjame ayudarte!

> **Para leer con atención**
>
> Escribe un **?** junto a las partes sobre las que tienes preguntas.

VERIFICAR LO QUE ENTENDÍ

¿Por qué es importante el ambiente del cuento?

El ambiente del cuento es importante porque el mapache y el conejo viven en el bosque.

37

LEE ¿Qué animales ayudan a Clarita Conejita? <u>Subraya</u> los nombres.

Para leer con atención

Escribe un **!** junto a alguna parte sorprendente.

—Me llamo Clarita Conejita —dijo Clarita—. ¡Encantada de conocerte!

Cuando Olga Osa se enteró de que había una conejita nueva en el bosque, hizo una gran fiesta de bienvenida para Clarita. Fueron todos los animales del bosque. Clarita estaba emocionada con todos los amigos nuevos que había hecho. Cuando la fiesta terminó, era ya bastante tarde. Zoilo Zorrillo le dijo a Clarita que no se preocupara porque él podía ver en la oscuridad. La guio hasta su casa. Cuando estaba en la cama calentita, Clarita sonrió. ¡Le iba a gustar su nueva casa!

VERIFICAR LO QUE ENTENDÍ

¿Qué preguntas te hiciste antes, durante y después de la lectura?
¿Cómo te ayudaron tus respuestas a entender el cuento?

_____

_____

_____

ESCRIBE SOBRE ELLO Escribe una breve nota de agradecimiento de Clarita para uno de sus nuevos amigos. Describe qué hizo el personaje y cómo hizo sentir a Clarita. Usa detalles del cuento en tu respuesta.

_____

_____

_____

_____

_____

_____

_____

_____

_____

_____

Prepárate para leer

ESTUDIO DEL GÉNERO ▸ Los **textos de fantasía** son cuentos con acontecimientos inventados que, en realidad, no podrían suceder. Mientras lees *El desfile de las nubes,* busca:

- personajes que no existen en la vida real
- el ambiente, o dónde ocurre la historia
- una lección que aprende el personaje principal

ESTABLECER UN PROPÓSITO ▸ Mientras lees, detente si no comprendes algo y piensa. Vuelve a leer, hazte preguntas, usa lo que ya sabes y busca pistas visuales como ayuda para entender el texto.

PALABRAS PODEROSAS
sorprendente
imitar
mustio
majestuoso

Conoce a Alma Flor Ada.

Los preparativos para celebrar un nuevo centenario de la Luna tenían a todos muy ocupados. El Sol estaba organizando un despliegue de cometas de largas colas. Los planetas habían preparado una lluvia de meteoritos. Pero las estrellas creían que su desfile de nubes sería una sorpresa muy especial para la Luna.

Las nubes habían empezado
a acumular grandes cantidades
de vapor de agua. Estaban diseñando
todo tipo de formas sorprendentes.
Un grupo de nubes habían creado una
hilera de elefantes. Una nube muy grande
había tomado forma de dragón. Otra se
convirtió en dinosaurio. La mayor de
todas tomó forma de ballena azul.

43

Cada nube sabía lo que quería ser, excepto una nubecita blanca y suave. "No puedo ser nada grande ni espectacular. Pero me gustaría ser algo bonito", pensaba. Y se acercó a la Tierra, a ver si encontraba alguna idea.

Mientras volaba sobre las montañas vio
las laderas cubiertas con un manto morado.
Amapolas de un anaranjado brillante
resplandecían entre las flores moradas
del altramuz. "¡Flores, claro!", pensó
la nubecita. "Tomaré la forma de una
guirnalda de flores".

Las nubes continuaban ensayando para el desfile.
Cada una quería ser más sorprendente que las demás.
Cuando el sol calienta el agua del mar y de los lagos
se produce vapor. Y las nubes empezaron a acumular
todo el vapor que salía de la Tierra. Como no soltaban
ni una sola gota, las plantas empezaron a tener
mucha sed.

Los árboles grandes lograban
obtener con sus largas raíces algo de
humedad del agua subterránea. Pero las plantas
pequeñas, que tienen raíces cortas, empezaron a secarse.

47

La nubecita regresó a la Tierra para observar mejor las flores que quería imitar. Y descubrió que estaban mustias. Entonces fue a ver a las nubes grandes y les pidió:

—Por favor, lluevan un poquito sobre la Tierra. Las plantas se están muriendo.

48

Pero las nubes no querían
perder nada de su tamaño
y no le hicieron ningún caso.

49

La nubecita entonces regresó y dejó caer una
lluvia suave sobre las laderas. Las plantas que logró
regar se levantaron y sus flores volvieron a brillar.

Pero la nubecita sabía que no era suficiente.
Y regresó a rogarles a las nubes grandes:

50

—Por favor, por favor...

Ustedes tienen mucha agua, denles un poquito a las plantas.

Si no, todas las flores morirán.

Pero las nubes grandes no le hicieron ningún caso.

—No permitiré que se mueran esas flores preciosas —
dijo la nubecita. Y soltó casi toda su agua. Se volvió tan
ligera que casi no se la veía. Pero estaba feliz, porque
las flores silvestres de las laderas se habían salvado.

Esa tarde comenzó el desfile de las nubes. Cada nube trató de ser más sorprendente que las demás. Primero pasó el enorme dragón. De su boca salían nubes negras como si fuera humo.

Luego pasó la hilera de elefantes.
Cada uno sujetaba con su trompa
la cola del que iba delante.
Cuando pasó la gran ballena azul,
la Luna soltó un suspiro al ver
a aquella nube majestuosa.

Un par de estrellas vieron entonces a la nubecita que flotaba sola.

—¿Por qué no estás en el desfile? —le preguntó una.

—Quería ser una guirnalda de flores —respondió la nubecita—, pero no me queda casi nada de humedad... Es que las flores ¡estaban tan sedientas!

Las estrellas entonces parpadearon.

—Vamos a hacer una guirnalda de flores.
Tú serás el lazo que nos una.

Y las estrellas llamaron a otras y formaron
un círculo. Y la nubecita tomó la forma de
un lazo de encaje.

Y cuando desfilaron la Luna
exclamó:

—No es la mayor, ni la más
sorprendente, ni la más majestuosa.
Pero no cabe duda, ¡esta guirnalda
es lo más bonito de todo el desfile!

Y la nubecita no podía
dejar de sonreír.

57

Sonrisas felices para sus amigas las estrellas,
las flores del cielo. Y felices sonrisas para
sus amigas las flores silvestres, las estrellas
de las colinas.

Usa detalles de *El desfile de las nubes* para contestar estas preguntas con un compañero.

1. **Verificar y clarificar** ¿Qué hiciste cuando te encontraste con una parte del texto que no entendías? Cuenta si eso te ayudó o no a comprenderla.

2. ¿Qué detalles de las palabras y las imágenes te ayudaron a entender por qué la nubecita se siente mejor al final del cuento?

3. ¿Qué te enseña este cuento sobre ser tú mismo?

Sugerencia para escuchar

Mira a tu compañero mientras escuchas. Espera a que tu compañero termine de hablar antes de hablar tú.

Escribir una opinión

INDICACIÓN En tu opinión, ¿qué personaje de *El desfile de las nubes* tiene las mejores intenciones? Busca detalles en las palabras y las imágenes para ayudarte a decidir.

PLANIFICA Primero, escribe en la tabla qué personaje elegiste. Luego, escribe o dibuja las razones por las que elegiste a ese personaje.

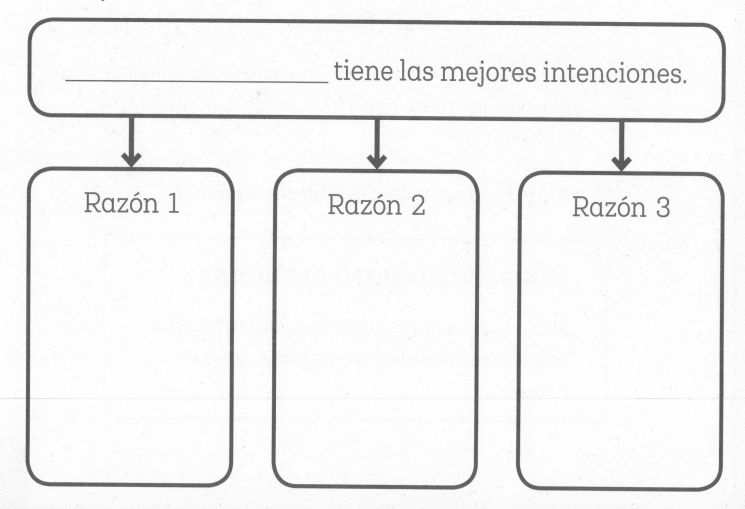

_____ tiene las mejores intenciones.

Razón 1	Razón 2	Razón 3

ESCRIBE Ahora, escribe tu opinión sobre el personaje que elegiste. Incluye razones que expliquen por qué crees que el personaje tiene las mejores intenciones. Recuerda:

- Usa palabras que expresen opinión, como *creo* o *me parece*.

- Usa palabras como *y, porque* y *también* para explicar más sobre tus razones.

_____

_____

_____

_____

_____

_____

_____

_____

Prepárate para leer

ESTUDIO DEL GÉNERO Los **textos de fantasía** son cuentos con acontecimientos inventados que en realidad no podrían suceder.

HACER UNA PREDICCIÓN Da un vistazo a "Vuela como un águila". En este nido hay problemas. Ya has aprendido que el ambiente es una parte importante de un cuento. ¿Cuál crees que será el ambiente en este cuento?

_____

_____

_____

_____

_____

ESTABLECER UN PROPÓSITO Lee para descubrir cuál es el ambiente y para comprobar si tu predicción es correcta. Si no lo es, usa lo que sabes sobre el ambiente de los cuentos para hacer una nueva predicción.

Vuela como un águila

LEE ¿Qué crees que significa *reñir*? Usa el texto y la imagen como ayuda.

Era un día soleado. En lo alto de un árbol, en un nido grande, dos aguiluchos, hermano y hermana, estaban riñendo.

—¿Qué está pasando? —preguntó Mamá Águila.

—Me dijo que soy un símbolo —dijo Hermana Águila.

—Porque *eres* un símbolo —le dijo su hermano.

—Mis pequeños, los dos son un símbolo —dijo Papá Águila.

Para leer con atención

Marca las palabras importantes con un *.

VERIFICAR LO QUE ENTENDÍ

¿Qué detalles del cuento te indican que es inventado?

_____

_____

_____

63

LEE Mientras lees, hazte preguntas sobre las partes que no tengan sentido. Luego retrocede y vuelve a leer esas partes.

Para leer con atención

Escribe **?** junto a las partes sobre las que tienes preguntas.

—Pueden estar orgullosos de ser un símbolo —explicó Mamá Águila—. Significa que representan algo.

—Las águilas somos el símbolo de nuestro gran país —dijo Papá Águila—. Somos libres de volar adonde queramos. Eso les recuerda a los habitantes del país que también son libres. Somos grandes y fuertes. Eso les recuerda que nuestro país también es grande y fuerte. Ser un símbolo significa que somos un ejemplo de algo.

—¡Vaya! —dijo Hermano Águila.

—¡Genial! —dijo Hermana Águila—. Estoy orgullosa de ser un símbolo.

VERIFICAR LO QUE ENTENDÍ

¿Cuál es el propósito del autor al escribir este cuento?

_____

_____

_____

ESCRIBE SOBRE ELLO "Vuela como un águila" es un texto de fantasía sobre las águilas y por qué son importantes para nosotros. ¿Cómo hace el autor para que sea divertido? Usa detalles del cuento en tu respuesta.

_____

_____

_____

_____

_____

_____

_____

_____

_____

_____

_____

Prepárate para leer

ESTUDIO DEL GÉNERO Los **textos informativos** son un tipo de no ficción. Presentan datos sobre un tema. Mientras lees *Cómo ser un buen ciudadano*, busca:

- el mensaje y los detalles
- fotografías
- datos sobre acontecimientos

ESTABLECER UN PROPÓSITO Mientras lees, **resume** el texto. Usa tus propias palabras para describir las ideas más importantes en un orden que tenga sentido.

PALABRAS PODEROSAS

comunitario

local

simulado

elogio

Desarrollar el contexto: Maneras de ayudar a tu comunidad

Cómo ser un buen ciudadano

por Rachelle Kreisman
con ilustraciones de Tim Haggerty

Vivir en una comunidad

Todos formamos parte de una comunidad. Una comunidad es un lugar donde las personas viven, trabajan y juegan. Cada comunidad está compuesta por vecindarios. Esos vecindarios están formados por personas. ¡Y tú eres una de esas personas! Por lo tanto, formas parte de una comunidad.

Los buenos ciudadanos ayudan a mejorar la comunidad. Un ciudadano es una persona que vive en un determinado lugar. Puede ser un pueblo o una ciudad, un estado o un país.

¿Cómo puedes ser un buen ciudadano? ¡Haciendo algo por tu comunidad! Aprende acerca de los funcionarios que salieron elegidos y cumple las normas. Participa en las actividades comunitarias. Sé un buen vecino y ayuda a los demás. ¿Quieres saber más? ¡Claro que sí! Sigue leyendo para aprender más acerca de cómo puedes convertirte en un buen ciudadano.

¡ES BROMA!

P: ¿Cómo saludó el mar a su vecino?

R: ¡Le dijo "Ola"!

Participa

Los buenos ciudadanos participan en la comunidad. Conocen a sus vecinos y a otros ciudadanos. Trabajan para mejorar su comunidad.

¿Qué puedes hacer para participar? Comienza por tomar parte en las actividades que se realizan al terminar la jornada escolar. Únete a un centro comunitario o a un grupo juvenil. Tienen programas y actividades solo para niños. Te divertirás y harás nuevos amigos.

¡ES BROMA!

P: ¿Has oído el chiste sobre el techo del centro comunitario?

R: ¡Olvídalo! ¡Está fuera de tu alcance!

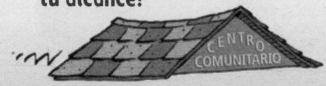

Las actividades después de la jornada escolar pueden ser una buena forma de probar cosas nuevas.

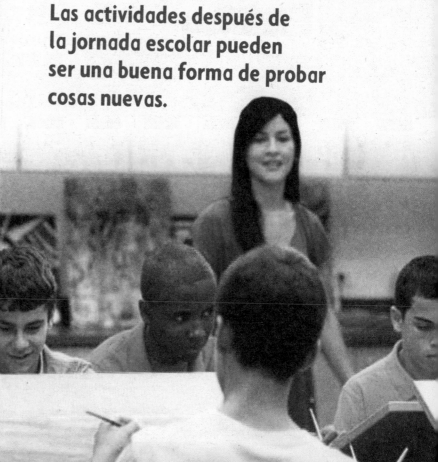

Otra manera de participar es estar al corriente de las noticias locales. Eso te permitirá saber lo que está sucediendo en tu comunidad. Por ejemplo, puedes enterarte de que el departamento de policía da una clase gratuita de seguridad para ciclistas. Tal vez te interese asistir a esa clase.

¿Cómo puedes estar al corriente de las noticias? Puedes leer el periódico escolar y los periódicos locales. Puedes mirar los noticieros con tu padre o con tu madre. Luego conversa acerca de lo que aprendiste. Pregunta a tus familiares su opinión sobre la noticia y comparte la tuya con ellos.

Ser un buen ciudadano incluye votar. Los ciudadanos pueden votar en las elecciones locales, estatales y nacionales. Para poder votar, en la mayoría de los estados debes tener al menos 18 años.

Cada cuatro años, los ciudadanos eligen al presidente de Estados Unidos. ¡Los niños también pueden votar! ¿Cómo? Muchas escuelas invitan a los niños a participar en una votación simulada. Esto ayuda a los niños a aprender sobre el proceso electoral.

¿LO SABÍAS?
Los habitantes de Estados Unidos votan el Día de las Elecciones, que se celebra siempre el martes después del primer lunes de noviembre.

¿De qué otras maneras puedes participar? Aprende acerca de la historia de tu comunidad. Visita museos y lugares históricos de la ciudad. Participa en una visita guiada del ayuntamiento con tu padre o con tu madre. Conoce a algunos de los funcionarios que fueron elegidos. Asiste a una reunión de la junta escolar.

Algunas escuelas tienen un consejo de estudiantes que organiza actividades especiales y ayuda a tomar decisiones acerca de la escuela. Si hay un consejo de estudiantes en tu escuela, puedes votar para elegir a los consejeros. ¡Tal vez incluso quieras formar parte del consejo!

THE STORY OF TEXAS

TEXAS STATE HISTORY MUSEUM

La mayoría de los museos aprecian la visita de estudiantes.

THEATH

Ayuda a los demás

Los buenos ciudadanos trabajan de forma activa en la comunidad. Ofrecen su tiempo como voluntarios para ayudar a los demás. También donan objetos y dinero a las personas que los necesitan. Eso puede hacer una gran diferencia en la vida de las personas.

Pero ayudar a los demás puede hacer una gran diferencia en tu vida también. ¡Puede hacerte muy feliz! Las buenas acciones pueden inspirar a otras personas a hacer lo mismo.

DATO CURIOSO

Realizar una buena acción puede brindarte la misma felicidad que recibirla. Ambas cosas afectan a tu cerebro de la misma manera. Según los científicos, hacen que tu cerebro libere sustancias químicas que producen bienestar.

74

¿Qué puedes hacer para ayudar a los demás? Comienza realizando al azar actos de amabilidad. Estos actos son pequeños gestos amables. Por ejemplo, hazle un dibujo a un amigo o a un miembro de la familia. Saluda amistosamente a un vecino. Regala flores a la maestra. Mantén la puerta abierta para que pase la persona que va detrás de ti. Lee un libro a un niño más pequeño que tú. Di un elogio a alguien.

Puedes realizar actos de amabilidad todos los días. Fíjate en cuántas cosas amables puedes hacer por los demás.

Ser un buen ciudadano ayuda a que tu comunidad se convierta en un lugar mejor. También hace que tú te sientas mejor contigo mismo. ¿Estás listo para empezar?

ESCRIBE Ahora escribe instrucciones que expliquen cómo ser un buen ciudadano. Asegúrate de que sean fáciles de seguir. Recuerda:

Cómo ser un
buen ciudadano

por Rachelle Kreisman
con ilustraciones de Tim Haggerty

- Elige los detalles más importantes del texto.

- Usa palabras de acción que les digan a los lectores qué hacer exactamente.

_____

_____

_____

_____

_____

_____

_____

_____

_____

Prepárate para leer

Los **textos informativos** son un tipo de no ficción. Presentan datos sobre un tema.

Da un vistazo a "Sé un buen ciudadano digital". Hay muchas maneras de ser un buen ciudadano digital. ¿Qué crees que aprenderás al leer este texto?

_____

_____

_____

_____

_____

_____

Lee para descubrir qué quiere el autor que sepas sobre cómo ser un buen ciudadano digital.

Sé un buen ciudadano digital

LEE ¿Qué son los ciudadanos digitales? <u>Subraya</u> la oración que lo dice.

Cuando una persona se conecta a Internet, se convierte en parte de la comunidad virtual. En ella participan quienes usan redes sociales, envían correos electrónicos o simplemente navegan por la red.

Los ciudadanos digitales son personas que trabajan o juegan en la comunidad virtual. Al igual que en otras comunidades, existen reglas que se deben cumplir. ▶

Para leer con atención

Marca las palabras importantes con un *.

VERIFICAR LO QUE ENTENDÍ

¿Cuál es el propósito del autor al escribir esta página del texto?

_____

_____

_____

81

LEE Mientras lees, piensa en las reglas que tienen los ciudadanos digitales. <u>Subraya</u> tres de ellas.

💡

Para leer con atención

Marca las ideas importantes con un *.

Los niños también pueden ser ciudadanos digitales. Existen reglas para mantenerlos a salvo. Siempre deben pedir permiso a un adulto de confianza antes de conectarse a Internet. Solo deben entrar en sitios web que estén aprobados. Deben avisar a un adulto si ven algo que les molesta en Internet.

Todos los ciudadanos digitales deben tratarse de la misma forma que en persona. Siempre deben usar palabras amables y ser respetuosos. No deben herir los sentimientos de los demás.

¡Estas reglas hacen que la comunidad virtual sea un lugar seguro para trabajar y jugar!

VERIFICAR LO QUE ENTENDÍ

¿Qué ideas importantes del texto usarías en un resumen?

_____

_____

_____

_____

ESCRIBE SOBRE ELLO ¿Qué otras cosas puedes hacer para ser un buen ciudadano digital? Escribe dos ideas más. Usa detalles del texto en tu respuesta.

_____

_____

_____

_____

_____

_____

_____

_____

_____

_____

_____

Prepárate para leer

ESTUDIO DEL GÉNERO ▶ Los cuentos de **ficción realista** son historias inventadas, pero podrían suceder en la vida real. Mientras lees *La fotografía perfecta*, busca:

- el principio, el desarrollo y el final del cuento
- personajes que se comportan y hablan como personas reales
- problemas que podrían tener las personas reales
- maneras en que las ilustraciones y las palabras ayudan a los lectores a comprender el cuento

ESTABLECER UN PROPÓSITO ▶ Mientras lees, **crea imágenes mentales**, o forma imágenes en tu mente, como ayuda para entender los detalles del texto.

PALABRAS PODEROSAS
planear
perfecto
alborotado
canasto
desastre
presentimiento
humor
toquetear

Conoce a Deborah Diesen.

LA FOTOGRAFÍA PERFECTA

por Deborah Diesen   ilustraciones de Dan Santat

Lo había planeado por meses. Este iba a ser el año de la fotografía escolar perfecta.

Pero, a veces, las cosas no salen de acuerdo al plan.

El día comenzó con el peor caso de pelo alborotado de la *historia*.

PRUEBA A: VISTA FRONTAL

PRUEBA C: VISTA POSTERIOR

PRUEBA B: VISTA LATERAL

PRUEBA D: LA CARA DE MI HERMANO
CUANDO VIO MI PEINADO

Luego, me tomó *bastante* tiempo desenterrar mi camisa favorita. Por fin la encontré en el *mismísimo* fondo del canasto de la ropa sucia.

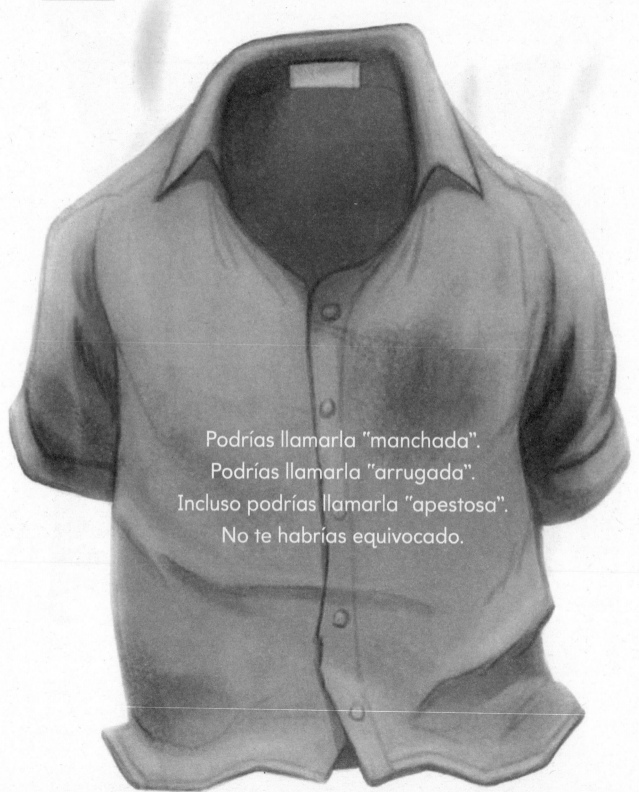

Podrías llamarla "manchada".
Podrías llamarla "arrugada".
Incluso podrías llamarla "apestosa".
No te habrías equivocado.

El desayuno fue "panqueques del día de la fotografía", una tradición familiar.

Un pequeño desastre con el sirope fue parte del festejo de este año.

Para ser exactos, fue más bien un *gran* desastre con el sirope. Y ocurrió en el momento exacto en que el autobús se detenía frente a mi casa. Tuve el presentimiento de que íbamos a comenzar una nueva tradición familiar.

AUTOBÚS ESCOLAR

90

Ya en el autobús, empecé a meterme un poco en problemas.

De hecho, me metí en un *gran* problema. El chofer hizo que me sentara *justo detrás de él* por el resto del viaje.

Para cuando llegué a la escuela, mi cara para el día de la fotografía tenía, sin remedio, el ceño fruncido.

En la clase, la Sra. Smith recopiló nuestros formularios para encargar la fotografía. ¿Creen que mi mamá marcó "verde esmeralda" para el fondo de mi foto? ¿O "azul pavo real"? ¿O "morado divertido"?

No. De nuevo, de todos los fondos posibles del mundo, mamá eligió el soso y aburrido "gris tradicional".

Nadie elige el "gris tradicional".

COLOR DE FONDO
ELIJA UNO:

Excepto yo.

Y, además, resulta ser el único color del mundo
que hace desaparecer mi camisa favorita. Toda
ella menos las manchas y las arrugas.

Después de eso, la maestra nos hizo ponernos de pie y practicar nuestra sonrisa para la fotografía. Personalmente, pensé que necesitábamos una pequeña ayuda para ponernos de humor fotográfico.

¡Ups!
Me metí en problemas.

Otra vez.

Por suerte, pude regresar a tiempo para la
clase de arte. El arte requería bastante pintura.
O al menos *para mí*.

Por fin, era hora de ponernos en hilera para nuestras fotos.

Ned, justo delante de mí, recibió el *último* peine de plástico de regalo.

Observé cómo, compañero tras compañero, todos sonreían a la cámara. Me dio mucho asco escuchar a todos decir "cheese", que significa "queso", porque...

¡*Odio* el queso!

¡Solo pensar en ello me pone verde! *Profundamente verde.* Y justo cuando mi cara alcanzó el más *espantoso* tono de verde guisante, me tocó... *mi turno.*

Pasé al frente.

Me senté en el banco.

Estaba duro como una piedra y frío como un témpano de hielo.

—Un segundo —dijo el fotógrafo mientras toqueteaba los botones de la cámara.

Mientras esperaba sentado, pasó por mi mente todo lo que había sucedido. Los monstruosos desastres. Los líos y las confusiones. Todo el día, desde el momento en el que salí de la cama, había transcurrido...

¡PERFECTAMENTE!

¡Incluso mejor de lo que había planeado! Este año, por fin, iba a tener la fotografía escolar perfecta.

99

Y fue entonces cuando escuché un

¡CLIC!

En un instante, todo mi duro trabajo
(mi pelo perfectamente enredado,
mi camisa perfectamente arrugada,
mi cara perfectamente pringosa,
mi ceño perfectamente fruncido,
ese fondo perfectamente aburrido,
esas perfectas salpicaduras de pintura,
esa perfecta palidez enfermiza)

¡DESPERDICIADO!
¡INÚTIL!
ARRUINADO,
en un momento de debilidad,
por una sonrisa inesperada.
Mamá dice que es la mejor
fotografía que jamás me
han tomado.

101

Pero *espera* a que vea la del *próximo* año...

Usa detalles de *La fotografía perfecta* para contestar estas preguntas con un compañero.

1. **Crear imágenes mentales** ¿Cómo quiere el niño que se vea su fotografía escolar? Usa detalles del texto como ayuda para crear una imagen en tu mente. Luego describe la imagen a un compañero.

2. ¿Cuál es el propósito de la autora al escribir este cuento? ¿Por qué crees que lo tituló *La fotografía perfecta*?

3. ¿En qué se diferencia el niño de otros personajes sobre los que has leído recientemente? Explica si crees que aprende una lección.

Sugerencia para la conversación

Completa la oración para pedirle más información a tu compañero sobre una respuesta.

¿Me cuentas un poco más sobre _____?

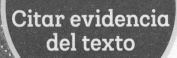

Escribir una secuela

INDICACIÓN Usa lo que sabes sobre el niño de *La fotografía perfecta* para escribir oraciones sobre qué podría hacer el día de la fotografía del año siguiente. Busca detalles en las palabras y las imágenes como ayuda para pensar en ideas.

PLANIFICA Primero, haz un dibujo de algo que el niño podría intentar hacer el año siguiente. Agrega una leyenda para describir lo que hace el niño.

ESCRIBE ¡Ahora escribe la secuela! Explica cuál crees que será el plan del niño para el día de la fotografía del año siguiente. Recuerda:

- Busca detalles del cuento que te den pistas sobre qué podría hacer el niño el año siguiente.

- Escribe detalles que describan qué piensa, siente y espera el niño.

_____

_____

_____

_____

_____

_____

_____

_____

_____

Prepárate para leer

ESTUDIO DEL GÉNERO Los cuentos de **ficción realista** son historias inventadas, pero podrían suceder en la vida real.

HACER UNA PREDICCIÓN Da un vistazo a "¡Imagínalo!". En este cuento, una niña piensa en un plan para juntar dinero. ¿Cuál crees que será su plan?

_____

_____

_____

_____

_____

_____

_____

ESTABLECER UN PROPÓSITO Lee para descubrir más sobre la niña y su plan para juntar dinero.

¡Imagínalo!

LEE ¿Qué palabras te ayudan a imaginar cómo es el patio? <u>Subráyalas</u>.

Oí que el refugio de animales del barrio necesitaba dinero. ¡Y tuve una gran idea! Podía instalar un lavadero de carros y perros. Mamá y papá me ofrecieron ayuda. Iba a ser mucho trabajo.

—¡Te arrepentirás! —dijo mi hermana mayor.

El sábado, mamá, papá y yo estábamos en el patio delantero rodeados de baldes y mangueras. Teníamos un cartel que decía "¡Salven el refugio de animales!". ▶

Para leer con atención

Marca las ideas importantes con un *.

VERIFICAR LO QUE ENTENDÍ

¿Qué piensa la hermana mayor de la niña sobre el plan?

_____

_____

107

LEE ¿Cómo se siente la niña acerca de cómo fue el día? <u>Subraya</u> las palabras que son pistas.

Para leer con atención

Subraya las palabras descriptivas importantes.

La gente comenzó a llegar. Vino el dueño de la librería. Luego, el cartero y el panadero. Parecía que todos en el barrio tenían un carro o un perro para lavar. ¡Teníamos mucho trabajo!

Mi hermana decidió ayudarnos. ¡También algunos de mis amigos vinieron a ayudar! Estábamos todos mojados y jabonosos. ¡Pero los perros y los carros brillaban de limpios!

—Deberíamos tomar una fotografía —dijo alguien—. ¡Al refugio le encantaría una foto con todos los perros limpios!

¡Sí! ¡El día estuvo justo como esperaba!

VERIFICAR LO QUE ENTENDÍ

¿Qué detalles te ayudan a crear una imagen mental del lavadero de carros y perros?

_____

_____

_____

_____

ESCRIBE SOBRE ELLO "¡Imagínalo!" es un cuento sobre una niña que quiere ayudar a su comunidad. ¿Qué tipo de persona crees que es? Escribe algunas oraciones sobre ella para el periódico del pueblo. Usa detalles del cuento en tu respuesta.

_____

_____

_____

_____

_____

_____

_____

_____

_____

_____

_____

_____

_____

Prepárate para ver un video

ESTUDIO DEL GÉNERO Los **videos** son películas breves que te dan información o te ofrecen algo para que veas y disfrutes. Mientras ves *Involúcrate: ¡Sé increíble!*, observa:

- cómo se relacionan las imágenes, los sonidos y las palabras
- de qué trata el video
- cómo te hace sentir el video
- de qué intenta persuadirte el video

ESTABLECER UN PROPÓSITO Piensa en la **idea principal** del video. ¿Puedes descubrir el mensaje que contiene? Piensa en cómo el mensaje te ayuda a comprender lo que significa ser un buen ciudadano.

Desarrollar el contexto: Marcar la diferencia

Involúcrate:
¡SÉ INCREÍBLE!

Mientras ven el video ¿Estás listo para dejar tu marca? Presta atención a los detalles sobre cómo involucrarte en tu comunidad. ¿Cómo te ayudan las ideas del video a comprender lo que significa ser un buen ciudadano?

Usa detalles de *Involúcrate: ¡Sé increíble!* para contestar estas preguntas con un compañero.

1. **Idea principal** ¿Cuál es el mensaje del video? ¿De qué intenta persuadirte la niña?

2. ¿Qué quiere decir la niña cuando habla de "dejar tu marca"?

3. La niña dice que sigas intentándolo cuando algo se ponga difícil. ¿Crees que es un buen consejo? Explica por qué.

Sugerencia para escuchar

Asegúrate de esperar a que tu compañero termine de hablar antes de hacer una pregunta o agregar información nueva.

¡Hora de concluir!

(?) Pregunta esencial

¿Por qué ser un buen ciudadano puede marcar una diferencia?

....

Elige una de estas actividades para mostrar lo que aprendiste sobre el tema.

1. El premio es para...

Has leído acerca de lo que significa ser un buen
ciudadano. Piensa en alguien que conozcas
que haya marcado una diferencia para
los demás. Compara a esa persona con
alguno de los personajes sobre los
que leíste. Crea un certificado de
"Mejor ciudadano" para esa persona.
Dile a un compañero a quién elegiste
y por qué.

2. Carta para mí mismo

Todos podemos marcar una diferencia a nuestra manera. ¿De qué manera podrías ser un buen ciudadano este año? Escribe una carta dirigida a ti mismo para explicar tu plan. Piensa en las cosas que haces bien y en lo que te gustaría hacer. Repasa los textos para buscar ideas sobre cómo ser un buen ciudadano.

Desafío de palabras

¿Puedes usar la palabra diferencia en tu carta?

Mis notas

¡Mira y explora!

"El que lee mucho y anda
mucho, ve mucho y sabe mucho".
—Miguel de Cervantes Saavedra

¿Por qué explorar nos sirve para comprender mejor el mundo que nos rodea?

Video de Mentes curiosas

Palabras acerca de descubrir nuestro mundo

Completa la Red de vocabulario para mostrar lo que sabes sobre estas palabras.

identificar

Significado: Identificar una cosa es decir qué es.

Sinónimos y antónimos	Dibujo

registrar

Significado: **Registrar** datos significa escribirlos o anotarlos.

Sinónimos y antónimos	Dibujo

examinar

Significado: **Examinar** algo es observarlo con atención.

Sinónimos y antónimos	Dibujo

¿Qué es la materia?

Todo lo que te rodea está hecho de materia. Hay tres clases de materia: **sólida**, **líquida** y **gaseosa**.

Mira a tu alrededor y busca diferentes clases de materia en tu salón. Usa la gráfica de **clases de materia** para saber de qué clase de materia está hecha cada cosa. ¿Puedes encontrar las tres clases de materia?

¿Qué clase de materia encontraste con más frecuencia?

Clases de materia

SÓLIDA
La forma de un sólido no cambia.

Ejemplos de sólidos

manzana

bicicleta

bate

LÍQUIDA
Un líquido toma la forma del recipiente que lo contiene.

Ejemplos de líquidos

jugo

agua

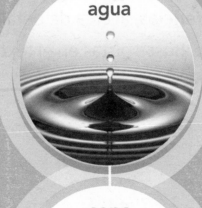

sopa

GASEOSA
Un gas no tiene forma. Llena todo el espacio del recipiente que lo contiene.

Ejemplos de gases

aire

La pelota está llena de aire.

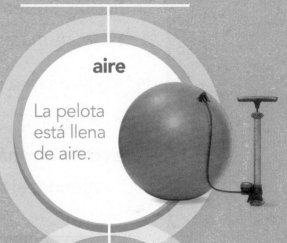

vapor

tu aliento

Tu aliento también es un gas.

Prepárate para leer

ESTUDIO DEL GÉNERO Los **textos informativos** son un tipo de no ficción. Presentan datos sobre un tema. Mientras lees *Muchas clases de materia,* busca:

- pies de foto junto a las ilustraciones o fotografías
- fotografías
- cómo las imágenes y las palabras te ayudan a entender el texto

ESTABLECER UN PROPÓSITO Lee para hacer suposiciones, o **inferencias,** acerca de detalles que la autora no dice. Busca pistas en el texto y en las imágenes como ayuda.

PALABRAS PODEROSAS

cantidad

material

espacio

ejemplo

planeta

fácilmente

forma

delicioso

Desarrollar el contexto: Sólidos, líquidos y gases

MUCHAS CLASES DE
MATERIA

por Jennifer Boothroyd

LA MATERIA

La materia está en todos lados. La materia es todo aquello que tiene masa y volumen. La masa es la cantidad de material que tiene un objeto. El volumen es la cantidad de espacio que ocupa un objeto.

Los árboles, los lagos y las personas son materia. Todos tienen masa y volumen.

Hay tres clases de materia:

sólida, líquida y gaseosa.

125

SÓLIDOS

Los libros, las piedras y los juguetes son sólidos.

La materia sólida conserva su forma. Los sólidos no adoptan la forma del recipiente que los contiene. Las bolas llenan un frasco, pero siguen siendo redondas.

Los libros son **ejemplo** de algo sólido.

Los sólidos no cambian de forma cuando se ponen en un recipiente.

NOSOTROS
RECICLAMOS

No es fácil comprimir algo sólido. *Comprimir* significa apretar algo para que quepa en menos espacio. Las botellas y las latas están hechas de materia sólida. Como son huecas, es posible aplastarlas para meterlas en este recipiente de reciclaje. Pero, ¡no es fácil!

Los sólidos no fluyen. Las bolitas de caramelo sólidas no se deslizan sobre el helado como lo hace el chocolate derretido.

Las bolitas de caramelo son sólidas. No se deslizan sobre el helado.

LÍQUIDOS

El aceite, el jarabe y el agua son líquidos.

La materia líquida no tiene una forma propia. Los líquidos adoptan la forma del recipiente que los contiene. El agua dentro de una alberca adopta la forma de la alberca.

El aceite es ejemplo de algo líquido.

El agua dentro de una alberca cuadrada adopta una forma cuadrada.

Los líquidos no son fáciles de comprimir. La leche es un líquido.

No podrías meter la leche de la botella en el pequeño envase de cartón.

Los líquidos fluyen. El jarabe líquido se desliza sobre los panqueques.

GASES

El aire, el vapor y tu aliento son gases.

Tu aliento es ejemplo de algo gaseoso.

La materia gaseosa no tiene forma propia. Los gases adoptan la forma del recipiente que los contiene. El aire que está dentro de un globo aerostático adopta la forma del globo.

Los gases son fáciles de comprimir. El dióxido de carbono es un gas. Está dentro de las latas de refresco. Se mete a presión dentro de las latas para que los refrescos tengan burbujas.

Cuando abres una lata de refresco, el dióxido de carbono se escapa rápidamente.

Los gases fluyen. El aire que está dentro de una burbuja se expande para llenar el espacio dentro de la burbuja.

133

LOS CAMBIOS DE LA MATERIA

La materia puede cambiar de una clase a otra.

Algunos sólidos pueden cambiar a líquidos. Algunos líquidos pueden cambiar a gases.

El agua es una clase especial de materia. Ya sabes que el agua es un líquido. Pero en nuestro planeta, el agua puede encontrarse fácilmente en las tres formas de materia.

El líquido de esta taza está convirtiéndose en gas.

El agua se convierte en un sólido si se enfría.

Se convierte, entonces, en hielo.

El agua se convierte en hielo cuando se congela. El agua se congela a una temperatura de 32°F (0°C).

El agua se convierte en un gas si se calienta.

Se convierte, entonces, en vapor.

El agua se convierte en vapor cuando hierve. El agua hierve a una temperatura de 212°F (100°C).

A cualquier temperatura, el agua puede convertirse en vapor de agua. El vapor de agua es un gas.

A este cambio se le llama evaporación.

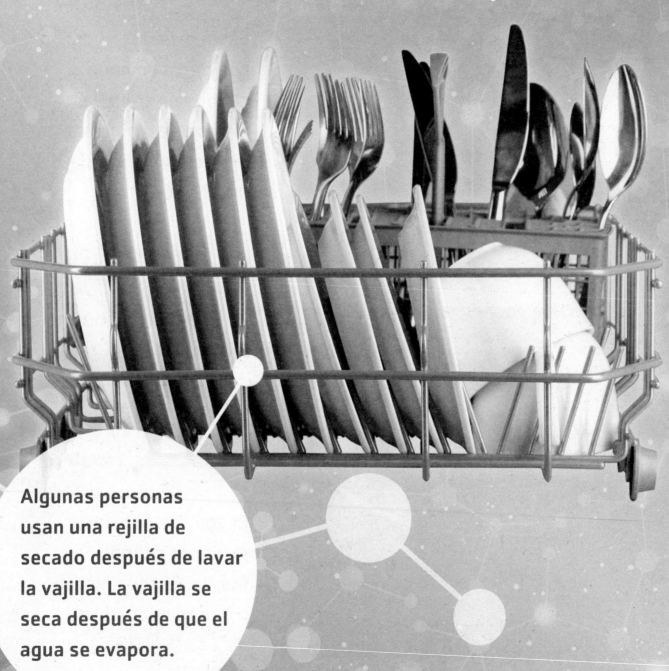

Algunas personas usan una rejilla de secado después de lavar la vajilla. La vajilla se seca después de que el agua se evapora.

El vapor de agua se vuelve a convertir en agua líquida cuando se enfría en el aire.

A este cambio se le llama condensación.

Puedes ver la condensación después de darte una ducha caliente. El vapor de agua toca la puerta de la ducha y, entonces, se vuelve a convertir en un líquido.

¿Has visto alguna vez la condensación en la puerta de una ducha?

Otras materias también pueden cambiar de forma. El queso es un sólido. Al calentarlo se funde. Se convierte, entonces, en un líquido.

El pan bañado en queso fundido es **delicioso**.

El jugo es un líquido.
Al enfriarlo se congela. Se
convierte, entonces, en un sólido.

Puedes hacer
paletas heladas
congelando jugo.

Usamos sólidos, líquidos y gases todos los días.

Son una parte importantísima de nuestra vida y de nuestro planeta.

Usa detalles de *Muchas clases de materia* para contestar estas preguntas con un compañero.

1. **Hacer inferencias** Mira la fotografía de la taza en la página 134. ¿Qué hace que el líquido se convierta en gas? ¿Cómo lo sabes?

2. Compara las tres clases de materia. ¿En qué se parecen los sólidos, los líquidos y los gases? ¿En qué se diferencian?

3. ¿Qué ejemplo da el texto para cada clase de materia? ¿Qué otros ejemplos puedes dar?

Sugerencia para escuchar

Escucha a tu compañero con amabilidad y espera que sea tu turno de hablar.

Escribir una descripción

INDICACIÓN ¿Cómo cambia un muñeco de nieve cuando se derrite? Usa detalles de las palabras y las imágenes de *Muchas clases de materia* para explicar tus ideas.

PLANIFICA Primero, imagina un muñeco de nieve y escribe palabras que lo describan. Luego, imagina un muñeco de nieve derretido y escribe palabras que lo describan.

Muñeco de nieve	Muñeco de nieve derretido

ESCRIBE Ahora, escribe oraciones que describan cómo cambia un muñeco de nieve cuando se derrite. Recuerda:

- Busca en el texto y en las imágenes detalles que indiquen cómo puede cambiar la materia.

- Usa palabras descriptivas.

_____

_____

_____

_____

_____

_____

_____

_____

Prepárate para leer

Los **textos informativos** son un tipo de no ficción. Presentan datos sobre un tema.

Da un vistazo a "¿Eres curioso?". Nuestro mundo está lleno de cosas que nos asombran y provocan curiosidad. ¿Sobre qué crees que leerás?

_____

_____

_____

_____

_____

_____

_____

Lee para hacer inferencias sobre las personas que son curiosas.

¿Eres curioso?

LEE ¿Que palabras te ayudan a entender el significado de "curioso"? <u>Subráyalas</u>.

Ser curioso significa querer saber cosas. Es tener entusiasmo por explorar. Cuando somos curiosos, hacemos preguntas. Podemos preguntar cómo funciona algo o por qué pasan las cosas. Podemos observar las cosas que nos dan curiosidad. Esto nos ayuda a encontrar respuestas. A veces esas respuestas nos sorprenden. ¡Y pueden darnos más curiosidad! ▶

Para leer con atención

Marca las ideas importantes con un *.

VERIFICAR LO QUE ENTENDÍ

¿De qué manera las personas encuentran respuestas cuando sienten curiosidad?

_____

_____

_____

145

La curiosidad lleva a aprender y a descubrir cosas nuevas y emocionantes. Hace mucho tiempo, las personas se preguntaron "¿Cómo vuelan los pájaros?". Observaron los pájaros en el cielo. Descubrieron que la forma de las alas era una de las razones por las que podían volar. Con el tiempo, lo que aprendieron sobre las alas de los pájaros se usó para construir el primer avión.

Sabemos mucho sobre el mundo porque las personas fueron curiosas. ¡Y siempre hay más preguntas que podemos hacer! Nunca tengas miedo de decir "no sé". Esto hará crecer tu curiosidad. Solo podemos aprender lo que no sabemos. ¿Sobre qué cosas quieres saber?

Para leer con atención

Encierra en un círculo las palabras que no conoces. Luego, intenta descubrir qué significan. Búscalas en un diccionario si es necesario.

VERIFICAR LO QUE ENTENDÍ

¿Qué puedes inferir del texto sobre las personas que son curiosas?

_____

_____

_____

146

ESCRIBE SOBRE ELLO ¿Qué te hace ser una persona curiosa? Usa detalles del cuento en tu respuesta. Intenta incluir las palabras *preguntar*, *descubrimiento* y *curioso*.

_____

_____

_____

_____

_____

_____

_____

_____

_____

_____

Prepárate para leer

ESTUDIO DEL GÉNERO ▸ Los **textos de fantasía** son cuentos con acontecimientos inventados que, en realidad, no podrían suceder. Mientras lees *Menuda locura peluda*, busca:

- animales que hablan y se comportan como personas
- el principio, el desarrollo y el final del cuento
- el ambiente, o el lugar donde ocurre el cuento

ESTABLECER UN PROPÓSITO ▸ Mientras lees, **haz conexiones** buscando en qué se parece este texto a lo que ves en tu vida o a otros textos que has leído. Esto te ayudará a comprender y recordar el texto.

PALABRAS PODEROSAS

resollar

locura

batalla

riña

Conoce a Janet Stevens y a Susan Stevens Crumme.

por Janet Stevens y Susan Stevens Crummel

ilustraciones de Janet Stevens

MENUDA
LOCURA
PELUDA

—¡Violeta! ¡No!

—Violeta, ¿dónde está la pelota?

150

Se fue para abajo.

¡BOING!
¡BOING!

¡PAM!
¡PAM!

¡BUM!
¡BUM!

—¡Sálvese quien pueda!

—¡Cuidado ahí abajo!

—¡AUXILIO! ¡AUXILIO!
—¡AUXILIOOOO!

PLAF.

Ahí se quedó... totalmente quieta.
Los perritos de la pradera esperaron...
totalmente quietos.

153

Lentamente fueron saliendo.

Pulgada a pulgada.
Perrito tras perrito.

—¿Qué es?

—Una cosa.

—¿Una cosa buena o una cosa mala?

—Una cosa redonda.

—Una cosa rara.

—Una cosa aterradora.

—¿Qué deberíamos hacer?

—¡No la toquen!

—¿Está viva?

—¡Ssshhh!

—¡Atrás! —tronó una voz—. Actúan como marmotas cobardes... ¡temerosas de su propia sombra!

—¡Ay, no, es Gran Ladrido!

—Diría más bien que es Gran *Boca*.

—Es el perrito más malo del mundo.

—Pensé que se había ido del pueblo.

—Pero volví de mi viaje —refunfuñó Gran Ladrido—. ¡Así que fuera de mi camino! Déjenme dar un vistazo.

Pero antes de que nadie pudiera moverse, el pequeño Pitido Chirrido rebasó corriendo a Gran Ladrido, se estiró y tocó la gran cosa redonda.

—¡Noooooo! —gritó la multitud.

—¡Es peluda! —dijo Pitido.

—¡Oooooooh! —resollaron todos.

Un trocito de pelusa quedó atrapado en la zarpa de Pitido. La miró. La volteó. La olfateó. Luego, se la puso sobre la cabeza.

—¡Mírenme!

—¡Ahhhhhh! —suspiraron todos.

—¡Deja de exagerar, hamstercillo! —gruñó Gran Ladrido—. *Yo estoy al mando...*

157

Pero los perritos de la pradera no escuchaban. Tenían que tener la pelusa.

—Me gusta.
    —A mí también.
        —Quiero un poco.
        —¿En serio?

    —¡Oh, sí!
        —¡Yo también!
        —¡Nosotros también!
        —¡Ellos también!

—¡Gran Ladrido, muévete!
    —¡Apártate de nuestro camino!

Todos se precipitaron e
intentaron agarrar la pelusa.

Los perritos de la pradera tironearon la pelusa. La soplaron.

La estiraron. La ahuecaron.

La extendieron. La giraron.

La picotearon. La retorcieron.

Se cubrieron de pelusa las narices, las orejas, las cabezas.

Se cubrieron de pelusa las colas, las patas, las zarpas.

Gran Ladrido estaba fuera de sí:
—¡Escúchenme, ridículos roedores! ¡Dejen ya esta peluda payasada!

161

Estaban ocupados vistiéndose de perritos calientes y perritos tontos.

Perritos de maíz y perritos con volantes.

Perritos líderes. Perritos divertidos.

Súperperritos.

Perritos conejitos.

—¡Están todos locos, bestias peludas! —gritó Gran Ladrido mientras se alejaba enojado.

La noticia de la pelusa se extendió de hoyo a hoyo. De madriguera a madriguera. De pueblo a pueblo.

Enseguida, perritos de la pradera de todas partes llegaron a ver la pelusa.

Se acercaban, la miraban, la agarraban.

163

La enrollaban. La trenzaban. Bailaban y la paseaban.
Era un delirio peludo.
Una fiesta peluda.
Un fandango peludo.
Toda la pradera era una locura peluda.

165

La agarraron y la recortaron y la tironearon y la pellizcaron.
La pellizcaron y la tironearon y la recortaron y la agarraron.

Hasta que...
la pelusa se acabó.

Aquella cosa grande y redonda se quedó sin pelusa. Desnuda como un pollo sin plumas.

Algunos perritos de la pradera consiguieron mucha pelusa. Algunos consiguieron poca. Otros no consiguieron nada... y se enojaron.

—¡Dame esa pelusa!
—¿Por qué?

—Porque sí.
—Es mi pelusa.
—No, ¡lo *era*!

—¡Dame esa pelusa!

—¡DAME
ESA PELUSA!

La agarraban, la tironeaban, la atrapaban, la arrebataban, la hurgaban, la picoteaban... ¡era la guerra! La guerra entre los empelusados y los despelusados. Su pacífico pueblo era ahora un campo de batalla.

Era una lucha por la pelusa.

Una riña por la pelusa.

Un desastre por la pelusa.

—Yo empecé todo esto —se lamentó Pitido Chirrido—. Tengo que hacer algo. ¡Oigan todos! ¡Basta! ¡Basta de luchar!

Pero los perritos de la pradera nunca escuchaban. La batalla continuó con furia: amigos contra amigos, primos contra primos, perritos contra perritos... hasta que no quedó nadie en pie. Estaban cansados. Agotados. Profundamente dormidos.

Horas más tarde, los perritos de la pradera comenzaron
a despertarse.

—¡Oh, oh!

—¿Dónde está la pelusa?

—¡No sé!

—¿Adónde se fue?

—¡ALGUIEN SE LLEVÓ NUESTRA PELUSA!

—gritó Pitido Chirrido.

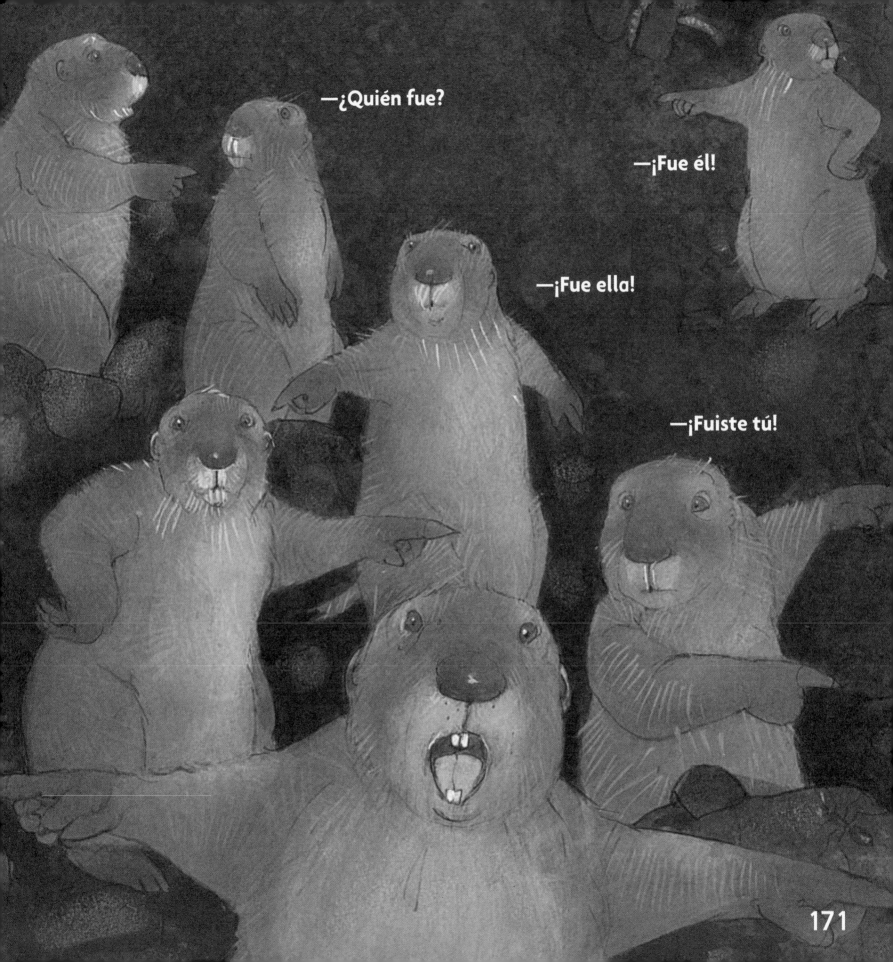

171

—¡FUI YO! —ladró una voz
desde arriba.

—¡YO ME LLEVÉ LA PELUSA!

Los perritos de la pradera se quedaron
paralizados. Luego corrieron hacia arriba por el
largo, largo túnel. Allí estaba Gran Ladrido,
cubierto de pelusa de la cabeza a los pies.
—¡Soy el rey de la pelusa! —gruñó—. ¿Me oyen?
Soy el rey de la...

¡ZAS!

El cielo se volvió negro.

—¿Qué pasó?

—¿Dónde está Gran Ladrido?

—¡Miren!

Ahí estaba, muy por arriba de sus cabezas, colgando de las garras de un águila.

—¡No más Gran Ladrido! —aclamó la multitud.

—¡Bravo!

—¡No digan *bravo*! ¡Es uno de los *nuestros*! —gritó Pitido—. ¡Tenemos que salvarlo! ¿Qué les parecería si *ustedes* fueran el almuerzo del águila?

—¡Noooooo! —gritaron todos.

—¡Gran Ladrido, libérate! —gritaron
los perritos de la pradera.

—¡Suéltate!

—¡Apúrate!

—¡Aquí te atrapamos!

Gran Ladrido se giró y se retorció,
se deslizó y se volvió a retorcer.
Finalmente, ¡se liberó de la pelusa!

—¡Bravo! —aclamó la multitud.

175

Gran Ladrido caía cada vez más rápido.

—¡Noooooo! —Los perritos de la pradera se dispersaron.

—¡Vuelvan! —gritó Pitido—. ¡Rápido!
¡Formen un círculo! ¡Extiendan sus zarpas!
Todos corrieron hacia la izquierda, luego
hacia la derecha, luego hacia la izquierda.

¡BUM!

—¡Me salvaron! —gritó Gran Ladrido—. ¡Pero les quité su pelusa! Ahora la perdimos para siempre.

—Qué bueno —dijo Pitido Chirrido—. La pelusa es un *problema*. ¿No es cierto?

—¡Siiiiií! —exclamó la multitud. Los amigos abrazaron a sus amigos. Los primos abrazaron a sus primos. Los perritos abrazaron a los perritos.

—No necesitamos la pelusa —dijo Pitido—. Pero con un águila sobre nosotros, sí necesitamos un perro guardián con un gran...

—¡LADRIDOOOO! —Gran Ladrido
se paró sobre sus patas traseras.
—¡Volvió el águila! ¡LADRAAAA!
¡Esto no es un ensayo! ¡LADRAAAA!
¡Todos los perritos abajo!
¡LADRAAAA!

Los perritos de la pradera bajaron
corriendo por el largo, largo túnel.

179

—¡Fiu! ¡Lo logramos!

—¡Estuvo cerca!

—¡Tres hurras por Gran Ladrido, el mejor perro guardián del mundo!

—¡HIP, HIP, HURRA! ¡HIP, HIP, HURRA! ¡HIP, HIP, HURRA!

—¡Solo hago mi trabajo! —sonrió Gran Ladrido.

—¿Alguna vez nos volveremos a enredar con la pelusa? —preguntó Pitido Chirrido.

—¡Noooooo! —respondieron todos a coro—. ¡No más pelusa! ¡No más pelusa! Y desde ese día, los perritos de la pradera vivieron felices —y sin pelusa— para siempre.

Usa detalles de *Menuda locura peluda* para contestar estas preguntas con un compañero.

1. **Hacer conexiones** Piensa en una ocasión en la que te costó compartir. ¿Cómo te ayuda eso a entender qué sucede cuando los perritos de la pradera encuentran la pelusa?

2. ¿Por qué los perritos de la pradera aclaman cuando el águila se lleva a Gran Ladrido? ¿Por qué cambian de parecer?

3. Encuentra partes del cuento en que las autoras repiten palabras y sonidos. ¿Cómo hace que el cuento sea divertido al leerlo?

Sugerencia para la conversación

Pide a tu compañero que te cuente más sobre sus ideas. Completa la siguiente oración:

Por favor, cuéntame más sobre ____.

Escribir una invitación

INDICACIÓN Los perritos de la pradera hacen una fiesta para celebrar que encontraron la pelota de tenis. ¿Qué podrían decir para convencer a otros perritos de la pradera de que se unan a la diversión? Usa detalles de las palabras y las ilustraciones para explicar tus ideas.

PLANIFICA Primero, piensa en razones por las que otros perritos de la pradera querrían unirse a la fiesta. Escríbelas o dibújalas aquí abajo.

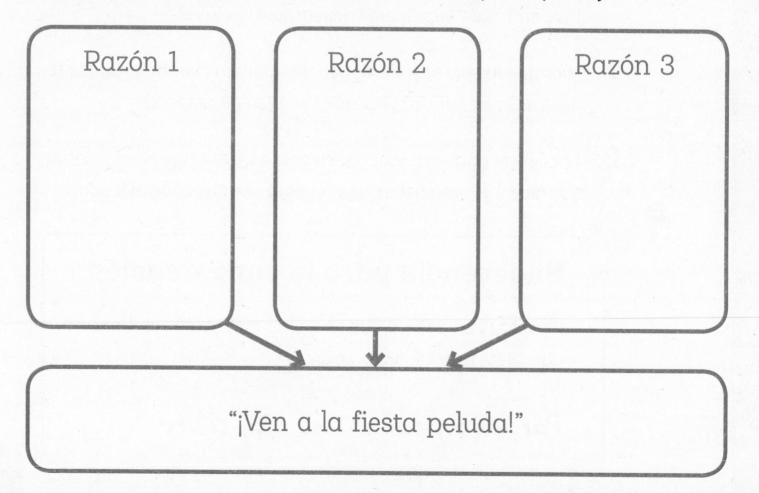

Razón 1

Razón 2

Razón 3

"¡Ven a la fiesta peluda!"

ESCRIBE Ahora, escribe oraciones para invitar a los perritos de la pradera a la fiesta peluda. Recuerda:

- Busca detalles en el cuento que muestren qué piensan los perritos de la pradera sobre la pelusa.

- Describe la fiesta de una manera que anime a los otros perritos de la pradera a ir.

_____

_____

_____

_____

_____

_____

_____

_____

_____

Prepárate para leer

ESTUDIO DEL GÉNERO Los **textos de fantasía** son cuentos con acontecimientos inventados que, en realidad, no podrían suceder.

HACER UNA PREDICCIÓN Da un vistazo a "Oso en lo alto". Abuelo, Magnolia y Ofelia Osa están perdidos en el bosque. ¿Qué crees que sucederá cuando se ponga el sol?

_____

_____

_____

_____

_____

_____

_____

ESTABLECER UN PROPÓSITO Lee para descubrir qué sucede con los osos cuando se pone el sol.

Oso en lo alto

LEE ¿Cómo te sentirías si fueras Ofelia?

—¡Abuelo, estamos perdidos! —El grito de Ofelia Osa resonó en todo el Gran Bosque. Su hermana Magnolia abrió bien los ojos.

Las oseznas amaban salir con Abuelo. Nunca les decía que se apuraran. Caminaba lento. Hoy recogieron muchos arándanos. Se dieron un chapuzón en el agua fría y pescaron salmón. Ahora estaba oscureciendo y estaban perdidos. ▶

Para leer con atención

Escribe una C cuando hagas una conexión.

VERIFICAR LO QUE ENTENDÍ

¿Cómo te ayuda la ilustración a entender cómo es Abuelo?

_____

_____

_____

_____

185

LEE Haz conexiones con momentos de tu vida en los que aprendiste algo nuevo que te ayudó.

Para leer con atención

Escribe un ! junto a alguna parte sorprendente.

—Los osos nunca se pierden. La Osa Mayor nos llevará a casa —dijo Abuelo con un guiño, y dibujó con una pata la silueta de una osa gigante en las estrellas—. La osa de allá arriba se llama Osa Mayor.

—¡Allá arriba HAY una osa! —gritó Magnolia.

—¡Tiene cuatro patas! —señaló Ofelia—. Y también veo una nariz. ¿Pero cómo…?

—La primera pata señala hacia nuestra guarida —dijo Abuelo.

Ofelia y Magnolia saltaron de alegría.

—¡Abuelo es tan sabio! —dijo Ofelia—. ¡Estoy ansiosa por contarle a Mamá lo que nos enseñó!

VERIFICAR LO QUE ENTENDÍ

¿Cómo resuelve Abuelo el problema del cuento?

_____

_____

_____

ESCRIBE SOBRE ELLO Continúa el cuento. Usa detalles del cuento para escribir lo que Ofelia y Magnolia le dicen a Mamá Osa sobre cómo fue su día. Luego, haz un dibujo para apoyar tu texto.

_____

_____

_____

_____

_____

_____

_____

_____

_____

_____

_____

Prepárate para leer

ESTUDIO DEL GÉNERO La **poesía** usa imágenes, sonidos y ritmo para expresar sentimientos. Mientras lees *El agua rueda, el agua sube,* busca:

- aliteraciones, o repeticiones de sonidos (como *intrépido* y *trueno*)
- repeticiones de palabras o líneas
- palabras que apelan a los sentidos

ESTABLECER UN PROPÓSITO Mientras lees, usa las palabras de la poeta para **crear imágenes mentales**, o formar imágenes en tu mente. ¿Cómo te ayudan esas imágenes a comprender lo que describe la poeta?

PALABRAS PODEROSAS

acariciar

voluta

espiral

reluciente

Conoce a Pat Mora.

El agua rueda, el agua sube

por Pat Mora   ilustraciones de Meilo So

$\overline{E}$l agua rueda
hacia la orilla
bajo el sol, bajo la luna.

El agua sube
formando suave neblina,
ondula por la calle, acaricia a un gato viejo.

192

Soplada por el viento,
el agua se remonta.
Volutas nebulosas ruedan por el aire.

193

Lenta, el agua
se desliza y serpentea hacia los ríos
por cañones silenciosos al anochecer y al amanecer.

194

Por canales lisos,
el agua fluye y resbala,
subiendo por las raíces de los tulipanes y el maíz.

195

Llenando hondos pozos,
el agua susurra en la oscuridad,
salpica en baldes, nos apaga la sed.

197

Girando en espirales,
el agua se enrosca y se retuerce,
escarcha las hojas caídas, frota los árboles desnudos y solitarios.

199

En las tormentas, el agua se sumerge
en el intrépido rugido del trueno,
de rama en rama huye del blanco destello del relámpago.

Luego el agua descansa,
soñolienta en las represas;
su reluciente silencio resplandece como estrellas.

*E*n el viento susurrante de los pantanos,
el agua duerme sobre el musgo,
murmura suaves canciones bajo patitas de ranas.

202

*E*l agua burbujea en los manantiales,
borbotea y desciende
por los arroyos y ríos buscando el mar.

203

Patinando y resbalando,
corriendo por las curvas,
rotando por raíces, cayendo de barrancos.

204

Circulando y brincando,
hasta zambullirse
en centelleantes olas, reluce y ¡plas!, salpica.

Rodeando nuestro redondo mundo,
el agua rueda, el agua sube
bajo el dorado sol, bajo la blanca luna.

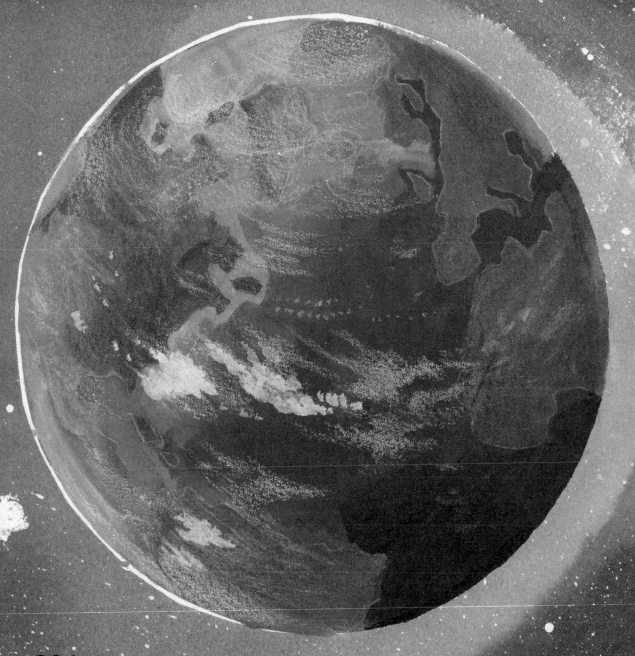

Usa detalles de *El agua rueda, el agua sube* para contestar estas preguntas con un compañero.

1. **Crear imágenes mentales** Cierra los ojos e imagina uno de los ambientes del texto. Describe lo que ves, oyes y hueles. ¿Qué palabras de la autora te ayudan a crear la imagen?

2. ¿Por qué crees que la autora escribió este texto? ¿Qué quiere que los lectores sepan?

3. ¿Por qué crees que este texto usa ilustraciones en lugar de fotografías para representar las palabras del autor?

Sugerencia para la conversación

Pide a tu compañero que te cuente más sobre una de sus ideas. Completa la siguiente oración:

Por favor, explica _____.

Escribir un poema

INDICACIÓN ¿Cómo describirías el agua en un poema? Encuentra detalles importantes en las palabras y las ilustraciones de *El agua rueda, el agua sube* como ayuda para explicar tus ideas.

PLANIFICA Primero, haz una tabla de detalles. En una columna, escribe detalles sobre el agua. Luego, piensa en palabras interesantes que describan cada detalle. Escríbelas en la otra columna de la tabla.

Detalles	Palabras

ESCRIBE Ahora escribe tu poema usando las mejores palabras de la tabla. Recuerda:

- Usa palabras que ilustren el tema.

- Piensa cómo suenan juntas las palabras de tu poema.

_____

_____

_____

_____

_____

_____

_____

_____

_____

Prepárate para leer

ESTUDIO DEL GÉNERO La **poesía** usa imágenes, sonidos y ritmo para expresar sentimientos.

HACER UNA PREDICCIÓN Da un vistazo a "Materia misteriosa". ¿Qué sentimientos podrían expresar estos dos poemas? ¿Sobre qué pueden tratar?

_____

_____

_____

_____

_____

_____

ESTABLECER UN PROPÓSITO Lee para ver cómo la poesía usa palabras de una manera especial para compartir información.

Materia misteriosa

LEE En cada línea del poema, busca palabras que comiencen con la misma letra. <u>Subraya</u> esas palabras.

Son grandes, gordos o gomosos.

Otros son pequeños, piramidales o peludos.

Les voy a dar una pista:

Integran el grupo

De la materia que conserva

O mantiene

Su forma. ▶

Para leer con atención

Escribe un **?** junto a las partes sobre las que tienes preguntas.

VERIFICAR LO QUE ENTENDÍ

¿Por qué el poeta destacó la primera letra de cada línea?

_____

_____

211

LEE ¿Qué palabras del poeta te ayudan a crear una imagen mental? <u>Subráyalas</u>.

Líquidos por todos lados,

Incluso en mares y tacitas.

Quizás los oigas en los ríos

Un día de verano

Inquietos cuando fluyen con agua

De deshielo desde la montaña

O desde la colina,

Sin detenerse… ¡hasta tu cocina!

VERIFICAR LO QUE ENTENDÍ

¿Qué aprendes sobre la materia con este poema? Usa tus propias palabras para describir las ideas del poeta.

_____

_____

_____

_____

ESCRIBE SOBRE ELLO Escribe un poema similar a los poemas de "Materia misteriosa". Primero, elige un estado de la materia. Escribe *SÓLIDO, LÍQUIDO* o *GAS* en letras mayúsculas hacia abajo en un lado de tu hoja. Luego, escribe una oración o frase que empiece con cada letra. ¿Qué les contará tu poema a los lectores sobre ese tipo de materia?

_____

_____

_____

_____

_____

_____

_____

_____

_____

Prepárate para leer

ESTUDIO DEL GÉNERO Las **obras de teatro** son textos que se leen y se representan. Mientras lees *En busca del charco perdido*, presta atención a:

- los personajes
- los diálogos, o lo que dicen los personajes
- el ambiente, o dónde y cuándo ocurre la historia
- las direcciones de escena, o indicaciones que les dicen a los actores qué hacer

ESTABLECER UN PROPÓSITO **Haz preguntas** antes, durante y después de leer que te ayuden a encontrar información o comprender el texto. Busca evidencia en el texto y en las imágenes para **contestar** tus preguntas.

PALABRAS PODEROSAS

negocio

agencia

nuevamente

situar

cuidadosamente

escapar

misterio

insuperable

Conoce a Ellen Weiss.

En busca del charco perdido

por Ellen Weiss

ilustraciones de Joe Cepeda

Personajes

TAYLOR

BRANDON

CARLOS

ADRIANA

Ambiente

un vecindario en un
soleado día de primavera

Escena 1

TAYLOR: ¡Estoy entusiasmada! Nuestro negocio, la Agencia de detectives Miller, ¡ya está en funcionamiento!

BRANDON: ¡Yo también estoy muy emocionado!

TAYLOR: Ahora solo hay que esperar a que llegue nuestro primer cliente.

CARLOS: ¿Esta es la agencia de detectives?

TAYLOR: ¡Aquí es! ¡Acérquense!

CARLOS: Yo soy Carlos y esta es mi hermana Adriana. Tenemos un problema.

TAYLOR: ¡Justo estamos aquí para ayudarlos! ¿Cuál es su problema?

CARLOS: Nuestro charco desapareció.

ADRIANA: Estábamos jugando en el charco, pero el sol se ocultó de repente, así que entramos a almorzar. Cuando el sol volvió a brillar, salimos a jugar nuevamente.

CARLOS: ¡Pero nuestro charco ya no estaba! ¿Pueden ayudarnos a encontrarlo?

TAYLOR: Es un caso muy difícil. Haremos todo lo posible para resolverlo.

BRANDON: *(Sonríe confiado).* ¡Sé cuál es la solución! ¡La sé!

TAYLOR: Shhh, Brandon. Yo soy la mayor, así que yo me encargo de esto. Tenemos que ir a buscar pistas.

TAYLOR: ¿Aquí es donde estaba situado su charco?

CARLOS: Sí, justo aquí.

TAYLOR: *(Toma su cuaderno y escribe).* Un charco, desaparecido. *(Mira alrededor).* Tal vez alguien se lo llevó. ¿Había alguien por aquí?

CARLOS: ¡Nadie!

TAYLOR: Puede estar escondido. Voy a buscar cuidadosamente detrás de este arbusto. ¡Nada! Aquí no está.

BRANDON: *(ansioso)* ¡Yo sé lo que pasó!

TAYLOR: ¡Shhh, Brandon!

BRANDON: ¡Pero yo sé lo que pasó!

TAYLOR: Ahora estoy buscando huellas.

ADRIANA: Quizá deberíamos escuchar a Brandon.

221

BRANDON: ¡Gracias! Ejem… *(Se aclara la garganta).*
Un charco está lleno de agua, ¿cierto?

CARLOS: ¡Cierto!

BRANDON: Pero el agua puede tener tres formas distintas.

CARLOS: ¿En serio?

BRANDON: ¡Sí! Cuando chapoteamos en un charco, el agua
es un líquido. Si el agua se congela, se convierte en un sólido.

ADRIANA: ¡En hielo!

BRANDON: Pero el agua también puede adoptar otra forma:
puede ser un gas.

ADRIANA: ¿Un gas?

BRANDON: ¡Sí! Cuando hierves agua, el vapor que escapa de la tetera es un gas. Cuando el sol brilla sobre un charco y lo calienta, el agua también se transforma en gas. Un gas no tiene forma ni tamaño. ¡A veces ni siquiera podemos verlo!

CARLOS: Entonces, ¡eso le pasó a nuestro charco!

BRANDON: Se disipó en el aire y, ahora, no podemos verlo ni sentirlo. A eso se le llama evaporación.

TAYLOR: ¡Misterio resuelto!

223

TAYLOR: Brandon, discúlpame por no haberte dejado hablar antes. Tú sabías la respuesta y yo, en lugar de escucharte, estaba demasiado emocionada buscando pistas. Creo que nuestra agencia necesita un letrero nuevo.

BRANDON: *(Sonríe orgulloso).* Así está mucho mejor.

TAYLOR: ¡Somos unos detectives insuperables!

224

Conversación en parejas

Usa detalles de *En busca del charco perdido* para contestar estas preguntas con un compañero.

1. **Hacer y contestar preguntas** ¿Qué preguntas te hiciste mientras Brandon y Taylor intentaban resolver el misterio? ¿Qué preguntas te hiciste al final?

2. ¿Qué detalles explican qué le sucedió al charco desaparecido?

3. ¿Cómo se siente Brandon al final con el letrero nuevo? ¿Por qué se siente así?

Sugerencia para la conversación

Completa la siguiente oración para agregar más información a una de las respuestas de tu compañero.

Me gustaría agregar que _____.

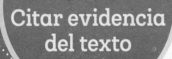

Escribir direcciones de escena

INDICACIÓN ¿En qué parte agregarías más direcciones de escena para ayudar a los lectores a representar la obra de teatro? Usa detalles de las palabras y las imágenes para explicar tu respuesta.

PLANIFICA Primero, dibuja una escena de la obra de teatro. Agrega rótulos que digan qué hacen los personajes o cómo se sienten.

ESCRIBE Ahora, escribe direcciones de escena que te gustaría agregar a la obra de teatro. Asegúrate de que describan lo que los personajes hacen o cómo se sienten mientras hablan. Recuerda:

- Incluye palabras que describan con claridad acciones o sentimientos.

- Incluye las líneas del personaje que van junto con las direcciones de escena. Piensa en cómo las dirías.

_____

_____

_____

_____

_____

_____

_____

_____

Prepárate para leer

ESTUDIO DEL GÉNERO ▶ Las **obras de teatro** son textos que se leen y se representan.

HACER UNA PREDICCIÓN ▶ Da un vistazo a "Margaritas desaparecidas". Taylor y Brandon tienen un caso nuevo. ¿De qué crees que tratará este caso?

_____

_____

_____

_____

_____

_____

_____

ESTABLECER UN PROPÓSITO ▶ Lee para resolver el caso antes que Brandon y Taylor. Mientras lees, pregúntate: "¿Esta es una pista importante?".

Margaritas desaparecidas

LEE <u>Subraya</u> el ambiente. ¿Por qué el ambiente es importante?

> **Personajes:** Brandon, Mamá, narrador, Taylor
> **Ambiente:** la casa de los Miller

MAMÁ: Niños, necesito su ayuda para resolver un misterio.

TAYLOR: Cuéntanos los hechos hasta el último detalle.

MAMÁ: Faltan algunas margaritas de mi jardín. Hay huellas por todo el jardín y no son mías.

NARRADOR: Brandon y Taylor se miraron por un momento.

BRANDON: *(pensativo)* Este es un caso interesante. Creo que podemos ayudarte.

TAYLOR: Sí, vamos a buscar algunas pistas en el jardín. ▶

Para leer con atención

Escribe un **?** junto a las partes sobre las que tienes preguntas.

LEE Busca una pista que te ayude a resolver el misterio. <u>Subráyala</u>.

Para leer con atención

Escribe un ! junto a alguna parte sorprendente.

NARRADOR: Brandon y Taylor fueron al jardín a investigar.

BRANDON: ¿Cuándo notaste que faltaban las flores?

MAMÁ: Hace apenas unos minutos. Ayer estaban aquí.

BRANDON: ¿Hoy es una fecha especial?

TAYLOR: Sí, es 25 de junio. ¿Esta fecha significa algo para ti?

MAMÁ: *(sorprendida)* ¡Sí, es mi cumpleaños! Me había olvidado.

NARRADOR: Brandon y Taylor sonrieron. Brandon sacó un gran ramo de margaritas.

BRANDON y TAYLOR: ¡Feliz cumpleaños, Mamá! ¡Las recogimos para ti!

MAMÁ: ¡Son los mejores detectives del mundo!

TAYLOR: Otro caso cerrado. ¡Ahora, vamos a celebrar!

VERIFICAR LO QUE ENTENDÍ

¿Qué preguntas te hiciste mientras tratabas de resolver el caso de las margaritas desaparecidas?

_____

_____

ESCRIBE SOBRE ELLO Escribe el informe que Brandon y Taylor escribirán sobre este misterio. Resume el caso. Incluye detalles sobre las observaciones que hicieron y cómo resolvieron el misterio.

_____

_____

_____

_____

_____

_____

_____

_____

_____

Prepárate para leer

ESTUDIO DEL GÉNERO Las **artes plásticas** describen el arte, como las pinturas, los dibujos, la música y la danza. Mientras lees *Observar el arte*, observa:

- las personas o los objetos de la obra de arte
- cómo te hace sentir la obra de arte
- el tema de la obra de arte
- el tipo de obra de arte

ESTABLECER UN PROPÓSITO Observa lo que ocurre en la obra de arte. Piensa en cómo te hace crear un relato en tu mente. Compara lo que ves en la obra de arte con lo que lees en el texto.

Desarrollar el contexto: Críticos de arte

OBSERVAR EL ARTE

por Andrew Stevens

¿De qué manera el arte imita la vida? Todos los días aprendes cosas sobre el mundo que te rodea. ¿Cómo puedes hacer eso con una pintura? Puedes buscar pistas en el arte que te ayuden a entender lo que ves.

Jean Siméon Chardin pintó *Burbujas de jabón* alrededor del año 1733. Esta obra muestra a un niño soplando una burbuja. ¿Ves sus mejillas? Si estuviera soplando fuerte, sus mejillas estarían infladas. ¡Debe saber que la burbuja se romperá si crece demasiado rápido! El niño podría estar esperando que el aire se lleve la burbuja.

Si hubieras vivido en Francia hace mucho tiempo, tal vez habrías visto esta escena en tu barrio. ¿Qué otras cosas puedes averiguar al estudiar la pintura?

Jean Siméon Chardin,
Burbujas de jabón
óleo sobre lienzo

Usa detalles de *Observar el arte* y de la pintura *Burbujas de jabón* para contestar estas preguntas con un compañero.

1. **Conectar el texto con los elementos visuales** ¿Qué detalles de la imagen o del texto te indican que la pintura se hizo hace mucho tiempo? ¿En qué sería diferente si el artista la pintara en la actualidad?

2. ¿Qué hacen los personajes en la pintura? ¿Qué crees que harán después?

3. ¿Cómo usa el autor palabras sobre la ciencia para hablar de la pintura?

Sugerencia para escuchar

Aprendes de otras personas al escucharlas con atención. Piensa en lo que dice tu compañero y en lo que aprendes.

235

¡Hora de concluir!

(?) Pregunta esencial

¿Por qué explorar nos sirve para comprender mejor el mundo que nos rodea?

Elige una de estas actividades para mostrar lo que aprendiste sobre el tema.

1. ¡Observa, explora, descubre!

Has leído acerca de cómo observar nuestro mundo puede ayudarte a aprender sobre él. Escribe cinco sugerencias para ayudar a alguien a que explore y haga nuevos descubrimientos. Repasa los textos para buscar ideas sobre lugares y maneras de explorar.

Desafío de palabras

¿Puedes usar la palabra examinar en tus sugerencias?

2. Dibuja la materia

Dibuja o busca imágenes de cada una de las diferentes clases de materia. Luego, haz un *collage*. Agrega rótulos que describan cómo se ven, suenan, se sienten al tacto, huelen o saben los objetos de tu *collage*.

saltarina

redonda

Mis notas

Glosario

A

acariciar Cuando algo o alguien acaricia a una persona o animal, lo toca con suavidad.   A mi perrita le gusta cuando mi amigo le **acaricia** el pelaje.

agencia Si trabajas en una agencia, tu tarea es ayudar a otras personas a hacer algo.   Mi vecino trabaja para una **agencia** de salud.

alborotado Cuando tu pelo está alborotado, se ve muy despeinado o enmarañado.   El fuerte viento le dejó el pelo **alborotado**.

amable Alguien que es amable es simpático, afectuoso o gentil.   Ayudar a los vecinos con las bolsas de la compra es una manera de ser **amable**.

añorar Cuando añoras una cosa, deseas mucho que vuelva a suceder.   Después de mucho tiempo sin vernos, **añoro** abrazar a mis abuelos.

B

batalla Una batalla es una lucha o un combate.   Visité el lugar donde se libró esa importante **batalla** muchos años atrás.

C

canasto Un canasto es un cesto que puede usarse para guardar cosas, por ejemplo, ropa sucia.   Encontré mi pantalón favorito en el fondo del **canasto**.

cantidad Una cantidad es cuánto hay de algo.   Solo debemos tomar una pequeña **cantidad** de azúcar al día.

ciudadano Un ciudadano es un miembro de una comunidad, estado o país.   Yo soy **ciudadano** de Estados Unidos.

comunitario Las actividades comunitarias son las que se hacen en la comunidad. Tirar la basura en el contenedor correspondiente es parte de nuestro trabajo **comunitario**.

cuidadosamente Cuando haces algo cuidadosamente, lo haces con mucho cuidado y atención.   Antes de responder el cuestionario, Sally lee las preguntas **cuidadosamente**.

D

delicioso Algo que es delicioso es muy rico de comer.   El aderezo de la ensalada es **delicioso**.

desastre Un desastre es algo que sale terriblemente mal.   Dejar a nuestra perra sola con el sillón fue un **desastre**, pero la amamos de todas formas.

diferencia Cuando las personas marcan una diferencia, hacen algo que ayuda a los demás.   Mantener las calles limpias nos ayuda a marcar una **diferencia** en la comunidad.

E

ejemplo Un ejemplo es una parte de un grupo más grande de cosas que se parecen entre sí.   Esta hermosa pintura es un **ejemplo** del trabajo de mi artista favorito.

elogio Un elogio es algo positivo que dices sobre alguien.   Mi maestro habló con **elogios** de mi trabajo en la escuela.

escapar Cuando algo escapa, sale sin esperarlo del lugar donde estaba.   El perro **escapó** de la casa saltando por la ventana.

espacio Un espacio es un área o un lugar abierto.   La piscina ocupa mucho **espacio** en el patio.

espiral Cuando algo crea espirales, forma círculos cada vez más grandes.   Las nubes formaban **espirales** en el cielo.

examinar Examinar algo es observarlo con atención.   Salimos afuera para **examinar** las huellas que había en el patio.

F

fácilmente Algo que se hace fácilmente no es difícil de hacer.   Eres muy rápida, así que puedes ganar la carrera **fácilmente**.

forma Algo que tiene muchas formas tiene distintos aspectos o maneras de existir.   La arcilla se puede modelar con las manos para darle diferentes **formas**.

frenar Cuando una persona frena, va más despacio o deja de moverse.   Mike **frenó** la bicicleta al llegar al cruce de caminos.

fuerza Si haces algo con toda tu fuerza, usas toda la energía que puede dar tu cuerpo.   Lisa lanzó la pelota con toda su **fuerza**.

H

humor Tu humor es cómo te sientes.   Me pongo de muy buen **humor** cuando escucho mi canción favorita.

I

identificar Identificar una cosa es decir qué es.   Quiero **identificar** el tipo de insecto que encontramos ayer.

imitar Imitar es hacer lo mismo que hace otra persona o animal.   La niña **imita** el ladrido del perro.

insuperable Las personas insuperables son tan buenas en una cosa que nadie puede ser mejor que ellas.   Es un jugador de fútbol **insuperable**.

L

local Las cosas locales pertenecen al lugar donde vives.   Mi madre trabaja como reportera para el periódico **local**.

locura Una locura es un momento de gran emoción y desorden.   Los niños jugaron con alegría y **locura** en las praderas nevadas.

M

majestuoso Una cosa majestuosa es muy grande e impresionante.   Ese castillo antiguo se ve **majestuoso**.

masticar Cuando alguien mastica la comida, la tritura o rompe con los dientes.   A mi padre le gusta **masticar** zanahorias mientras trabaja en su taller.

material Un material es aquello de lo que está hecha una cosa.   ¿De qué **material** está hecha esta camisa?

misterio Un misterio es algo desconocido o difícil de entender.   Las pistas ayudaron a los detectives a resolver el **misterio**.

mustio Las flores mustias están en mal estado o a punto de marchitarse.   Las flores del jardín están **mustias** por la falta de lluvia.

N

negocio Un negocio es una empresa que vende cosas o hace trabajos para otras personas.   A lo largo de la avenida hay numerosos **negocios**.

nuevamente Cuando haces algo nuevamente, lo haces otra vez o de nuevo. **Nuevamente**, era su turno de saltar a la cuerda.

P

perfecto Cuando una cosa es perfecta, es lo mejor que puede ser.   Me sentí orgulloso de haber obtenido un puntaje **perfecto** en el examen.

planear Cuando has planeado una cosa, has decidido antes de comenzar cómo la harías.   Ella **planeó** hacer su tarea al día siguiente.

planeta Un planeta es un objeto grande del espacio que se mueve alrededor de una estrella.   La Tierra es el tercer **planeta** desde el Sol.

presentimiento Si tienes un presentimiento, crees o adivinas que algo sucederá.   Tengo el **presentimiento** de que se cancelará el partido de fútbol por la lluvia.

R

rebotar Rebotar es moverse hacia arriba y hacia abajo.   El vaso **rebotó** en el piso antes de romperse.

registrar Registrar datos significa escribirlos o anotarlos.   Me gusta **registrar** en un cuaderno todas mis ideas para escribir nuevos cuentos.

reluciente Algo que es reluciente se ve lleno de luz.   Las ventanas quedaron **relucientes** después de limpiarlas.

resollar Si decimos que unas personas resollaron, significa que respiraron fuerte, sorprendidas.   **Resollamos** sorprendidos al mirar la escena más interesante de la película.

riña Una riña es una pelea o una discusión. Mi hermano y yo tuvimos una **riña** porque nos cuesta compartir nuestros juguetes.

rudo Cuando eres rudo al hacer algo, no eres delicado.   Algunos deportes pueden ser demasiado **rudos** como para que los practiquen niños pequeños.

rugir Si alguien rugió, gritó con una voz fuerte y profunda.   "¡Sal de ahí!", **rugió** ella.

S

simulado Una versión simulada de una cosa no es real.   Montó una consulta médica **simulada** para sus animales de peluche.

situar El lugar donde algo está situado es donde está o donde se encuentra.   El mapa muestra dónde están **situados** los refugios de montaña.

sonreír Si una persona sonrió, se rio un poco mostrando los dientes.   No pude evitar **sonreír** cuando escuché las buenas noticias.

sorprendente Las cosas sorprendentes causan sorpresa porque son increíbles. El resultado de este experimento es **sorprendente**.

T

toquetear Si alguien toquetea una cosa, no deja de tocarla o de juguetear con ella. La niña **toqueteaba** el cierre de su chaqueta.

V

voluta Las volutas son figuras con forma de espiral. El humo de la chimenea forma **volutas** en el aire.

Índice de títulos y autores

Reconocimientos

Excerpt from *Being a Good Citizen* (retitled from *Being a Good Citizen: A Kids' Guide to Community Involvement*) by Rachelle Kreisman, illustrated by Tim Haggerty. Copyright © 2016 by Red Chair Press LLC. Translated and reprinted by permission of Red Chair Press LLC.

Clark the Shark by Bruce Hale, illustrated by Guy Francis. Text copyright © 2013 by Bruce Hale. Illustrations copyright © 2013 by Guy Francis. Translated and reprinted by permission of HarperCollins Publishers.

The Great Fuzz Frenzy by Janet Stevens and Susan Stevens Crummel. Text copyright © 2005 by Janet Stevens and Susan Stevens Crummel. Illustrations copyright © 2005 by Janet Stevens. Translated and reprinted by permission of Houghton Mifflin Harcourt Publishing Company.

"El desfile de las nubes" by Alma Flor Ada, illustrated by Carlos Zamora. Text copyright (c) by Alma Flor Ada. Reprinted by permission of Alma Flor Ada.

Excerpt from *Many Kinds of Matter* (retitled from *Many Kinds of Matter: A Look at Solids, Liquids, and Gases*) by Jennifer Boothroyd. Text copyright © 2011 by Lerner Publishing Group, Inc. Translated and reprinted by permission of Lerner Publishing Company, a division of Lerner Publishing Group, Inc.

Picture Day Perfection by Deborah Diesen, illustrated by Dan Santat. Text copyright © 2013 by Deborah Diesen. Illustrations copyright © 2013 by Dan Santat. Translated and reprinted by permission of Express Permissions on behalf of Abrams Books for Young Readers, an imprint of Harry N. Abrams, Inc., New York and Trident Media Group, LCC.

Water Rolls, *Water Rises/El agua rueda, el agua sube* by Pat Mora, illustrated by Meilo So. Translation by Adriana Domínguez and Pat Mora. Text copyright © 2014 by Pat Mora. Illustrations copyright © 2014 by Meilo So. Spanish translation copyright © 2014 by Lee & Low Books Inc. Reprinted by permission of Children's Book Press, an imprint of Lee & Low Books Inc.

Créditos de fotografía